青ちゃん流

失敗知らずの定番料理

青山則靖

料理の上達は階段式

料理の腕前は坂道のように徐々に上がっていくわけではなく、気付きや技術を習得することで一つずつ上がっていく階段式です。ちょっとしたコツを知るだけで料理の腕が数段上がります。

本書では、下処理・調理法・味付けなどの工程でコツを紹介しており、料理初心者からベテランの方まで定番料理が上達するヒントにしてほしいと思っています。また食材の味を引き立てるために、調味料はできるだけ少なくし、下処理にひと手間かけています。

レシピは、北海道新聞朝刊にて２０１４年４月から２０２１年９月まで連載した中から選んだものです。よりわかりやすく加筆・修正しました。

なお、各回の動画も撮影しており、本文だけでは紹介しきれないところは動画とあわせてご覧いただくと、よりわかりやすいと思います。

みなさんのお料理がワンランクアップするお手伝いができれば幸いです。

目次

本書を使う前に

材料の分量や調味料について

■１カップ＝200cc、大さじ＝15cc、小さじ＝5cc、1mℓ＝1cc、１合＝180mℓです。
■液体や顆粒は大さじかカップ、固形物はｇ（グラム）で表記しています。
■調味料は指定がなければ、しょうゆは濃口しょうゆ、砂糖は上白糖、塩は天然塩を使用しています。
■薄口しょうゆは、一般的なしょうゆより色は薄いですが、塩分は高いため少なめにしましょう。素材の色や風味を生かしたいときに使います。
■酒は純米酒です。料理酒は甘みや塩分が加えられているものがあるので、調整が必要です。

動画サービスについて

■料理の手順がわかる動画が「北海道新聞デジタル」にてご覧になれます。各レシピページに掲載されている🔍のマークに従ってキーワードで検索をするか、二次元コードを使ってご覧ください。
■本サービスは、予告なく変更・終了する場合があります。また、動画を見られないことを理由にした返品には応じかねますので、ご了承ください。

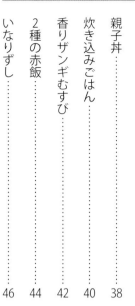

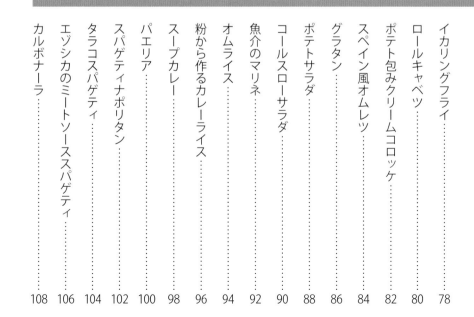

中華など

その他・テクニック

食材別さくいん

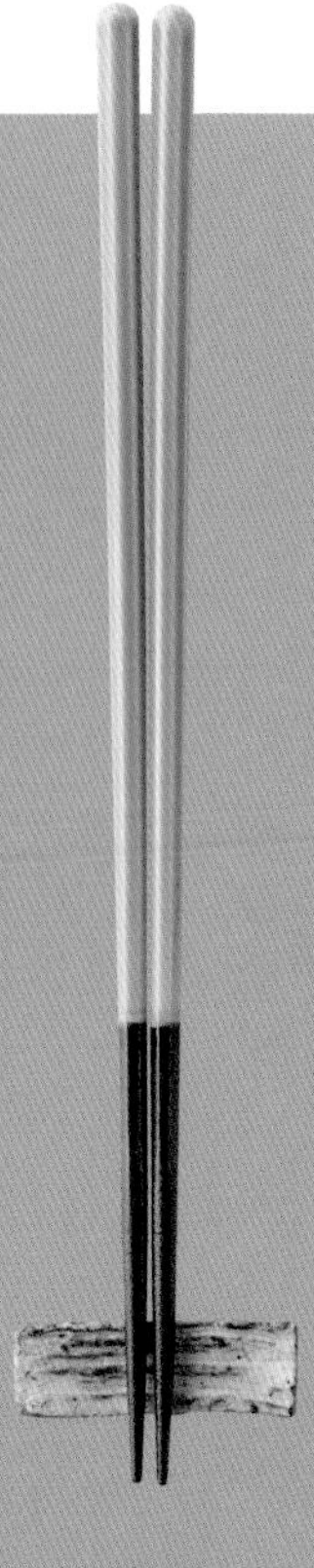

和食

ひと手間かけた下処理や味付けの比率を覚えるだけで格段においしい料理になります。定番の煮魚や揚げ物、ごはんものに北海道の旬の素材を取り入れて、お祝い事やイベントにも活用できる和食の定番をわかりやすく紹介します。

唐揚げ

余熱を利用し、肉汁閉じ込めジューシーに

唐揚げがかたくパサパサになるのは、揚げすぎて肉の水分が抜け、縮んでしまうから。揚げ時間や衣のつけ方に注意すれば、肉汁を閉じ込めたジューシーな食感を楽しむことができます。

ふっくら揚げるには、下味と衣が重要で、油から肉を守る役割があります。下味に使うのは酒、しょうゆ、ごま油などを混ぜた液体調味料。肉にしみ込ませると、急激な加熱からタンパク質の凝固を緩和します。粉末状の唐揚げ粉で味付けすると、お酒をもみ込むだけでも効果があります。

肉は揚げ油に直接触れると、水分が流出してかたくなってしまいます。衣はお肉をコーティングするように、しっかりとつけましょう。

揚げ時間は2分で、互いにくっつかないよう一つずつ油に入れます。大切なのは揚げている間、むやみに触らないこと。とくに揚げ始めてすぐの衣は、不安定ではがれやすく、注意が必要です。きつね色になったものから順番に取り出します。

最大のポイントは、揚げ終えたら2分休ませること。揚げたては十分に火が通っていませんが、余熱によって衣の中で蒸すように温められます。それでも生の部分が残ったときは、電子レンジで温め直しましょう。

唐揚げ

作り方

❶鶏胸肉の繊維を断ちきるように、一口大に切り分けます。ニンニクとショウガはすりおろします。

❷ボウルに鶏胸肉とAの調味液を入れてもみ込み、10分以上つけます。

❸調味液を切らずに、まず片栗粉を加えて混ぜ、次に小麦粉を加えて混ぜます。

❹フライパンに油を深さ2㎝ほど入れて180度に熱し、③を2分揚げて取り出したら、2分休めて余熱で火を通します。

ポイント

◎下味で縮みを防ぐ
◎衣でやわらかさをキープ
◎余熱を使って揚げすぎ防止

作り方の動画は北海道新聞デジタルで

青ちゃん流　唐揚げ

材料（2人分）

鶏胸肉……1枚（300g）

A
- 酒……大さじ2
- しょうゆ、ごま油……各大さじ1
- 塩……小さじ1
- ニンニク、ショウガ……各1片

片栗粉、小麦粉…各大さじ3
揚げ油……適量

豚の角煮

「煮て冷ます」を繰り返す

とろけるようなやわらかさが人気の豚の角煮。おいしく仕上げるには、しっかり味をしみ込ませますが、長時間煮込むとお肉がパサパサになることも。煮込み過ぎると煮崩れしたり食材から水分が抜けて縮んでしまいます。それを防ぐためのコツが、煮立ったら火を止めて冷ますこと。和食の「鍋止め」と呼ばれる技法で、食材の形を保ったまましっかりと煮汁をなじませることができます。

味付けは砂糖、酒、みりんで甘みをつけた後にしょうゆを加えます。塩分は糖分よりも食材に浸透しやすく、糖分を後に入れると食材に十分にしみ込みません。調味料はあらかじめ合わせせず、順番に加えましょう。

一度、火を止めて冷ますときに、キッチンペーパーをかぶせておくと固まった脂を取りやすくなります。脂を取ると、あっさりして食べやすくなるほか、ラードとして炒め物にも利用できますよ。

しょうゆを加えて煮込みすぎると風味が飛んでしまうため、煮立ったらすぐに火を止めましょう。片栗粉で煮汁にとろみをつけてもおいしいですよ。

豚の角煮

作り方

❶豚バラ肉を繊維を断つように四つに切り分け、型崩れを防ぐたこ糸を巻きます。

❷圧力鍋に①と水600cc、ネギ（青い部分をそのまま）、薄切りにしたショウガを入れて強火でゆで、沸騰したらアクを取ります。

❸ふたをして圧力をかけ、弱火で20分煮ます。

❹Aを加えて弱火で10分煮たら火を止めて冷まします。

❺④にしょうゆを入れて再度加熱し、沸騰したら火を止め、もう一度冷まし、食べる直前に温めます。

★圧力鍋がない場合は普通の鍋を使い、③では弱火で1時間煮ます。

ポイント

◎「煮て冷ます」を繰り返す
◎豚バラ肉は繊維を断つように切り分ける
◎味付けせずに煮て、糖分↓塩分の順に

作り方の動画は北海道新聞デジタルで

青ちゃん流　豚の角煮

材料（2人分）

豚バラ肉（ブロック）……400g
水……600cc
長ネギ（青い部分）……1本
ショウガ……1片
たこ糸
A［酒、みりん…各100cc
　砂糖……60g
しょうゆ……100cc

サバのみそ煮

調味料は「ささみしそ」の順で効果を引き出す

「料理のさしすせそ」といえば、「砂糖」「塩」「酢」「しょうゆ（せうゆ）」「みそ」のこと。本書では青ちゃん流「料理のささみしそ」を紹介します。

風味付けや臭み消し、食材をやわらかくするなど、調味料には、おいしい料理に欠かせないさまざまな効果があります。効果を引き出すために大切なのは、調味料を一つずつ使うこと。合わせ調味料は便利で使いやすいですが、それぞれの効果を薄めてしまうので注意してください。

調味料を効果的に使って、サバのみそ煮を作りましょう。

最初は酒。アルコールを使うと、サバの臭みが取れ、煮崩れしづらくなります。

次に加えるのは砂糖とみりんです。糖分は水と結合しやすく、水を保つ性質があります。糖分を加えて1分加熱したら、水を入れて10分ほど煮込みましょう。

最後に入れるのはしょうゆとみそ。塩分は糖分より分子が小さく、食材にしみ込みやすいため、砂糖とみりんの後に加えます。順番を逆にすると、甘みがつきにくいので気をつけましょう。また、しょうゆとみそは風味も重要な調味料です。煮込みすぎて香りを消さないためにも、仕上げに加えます。

サバのみそ煮

作り方

❶サバの半身は皮に切れ目を入れて、それぞれ2等分にする。ショウガは薄切りにします。

❷①のサバを沸騰したお湯にくぐらせ、ボウルに用意した水に入れてぬめりを取ります。

❸昆布、ショウガ、サバの順に鍋に入れます。

❹酒を入れて落としぶたをし、強火で1分加熱します。

❺砂糖、みりんを加えて1分加熱し、水を加えさらに10分煮ます。

❻落としぶたを取り、しょうゆを加え、みそをとかし入れます。仕上げに白髪ネギを添えます。

ポイント

◎調味料は1種類ずつ入れる

◎糖分→塩分の順で

◎さ(酒)　さ(砂糖)　み(みりん)　し(しょうゆ)　そ(みそ)　の順

作り方の動画は北海道新聞デジタルで

青ちゃん流　みそ煮

材料(2人分)

サバ半身	2枚
昆布	5g
ショウガ	1／2片
酒	大さじ3
砂糖、みりん	各大さじ3
水	360cc
しょうゆ	大さじ1・5
みそ	大さじ3
白髪ネギ	適量

カレイの煮付け

生臭みをしっかり取り除く

まずは下ごしらえです。カレイの生臭みの原因になるものをしっかり取り除くことが大事です。

尾から頭に向けて包丁を立てて動かし、うろこを取りましょう。背びれ、しりびれの付け根まで丁寧に。裏側も忘れずに取ります。

水でうろこ、内臓、血合いを洗い流したら、湯通しをします。沸騰したお湯にカレイを一瞬くぐらせると表面のぬめりが白く固まるので、水に取って、このぬめりと残っているうろこを指でこそげ取りましょう。これで生臭みは、ほぼなくなります。

白身魚は強火でさっと煮るのがコツです。煮すぎるとタンパク質が固まり、パサパサした食感になってしまいます。煮崩れを防ぐため、底が広く浅いフライパンなどに魚が重ならないよう並べましょう。煮汁はひたひた程度(魚にかぶるか、かぶらないかの状態)にします。

落としぶたには、鍋の直径に合わせてアルミホイルを1枚切り取り、ふわりとのせます。煮立った汁がアルミホイルの裏側を伝って魚の上側にかかることで、やわらかくしっとりした食感になります。

カレイの煮付け

作り方

❶カレイのうろこを取り、頭と尾を切り落とし、内臓、うろこ、血合いを水で洗い流します。背中側に飾り包丁を入れて、味しみを良くし、加熱したときに皮がはじけるのを防ぎます。

❷鍋にお湯を沸かし、カレイを湯通しし、冷水に取り、ぬめりやうろこを取ります。

❸鍋に昆布を敷き、輪切りにしたショウガ、縦二つに割って長さ4㎝に切ったゴボウを入れ、カレイと水、酒、みりん、砂糖も入れ強火にかけます（水とほかの調味料の割合は8対各1と覚えるといいでしょう）。

❹煮汁が沸騰したらアルミホイルをかぶせ、強火のまま8分煮ます。このときカレイを動かしていけません。アルミホイルを外してしょうゆを入れ、煮汁をスプーンですくい、上からかけながら1分ほど煮付けます。

❺火を止め、カレイとゴボウを皿に盛りつけます。あれば白髪ネギ、ゆでたキヌサヤなどを添えても良いです。

ポイント

◎ウロコは丁寧に取る
◎湯通しで生臭みを抜く
◎強火でさっと煮る

作り方の動画は北海道新聞デジタルで

青ちゃん流　カレイの煮付け

材料（2人分）

カレイ（マガレイ）……2匹
（大きな場合は1匹）
水……360cc
酒、みりん、砂糖、しょうゆ……各大さじ3
ショウガ……1片
ゴボウ……1／2本
昆布……約20㎝

サケの南蛮漬け

小麦粉使い、薄めの衣でうま味しみ込む

脂の乗ったトキシラズを使った南蛮漬けを紹介します。

サケは半身か、半身をさらに2等分した大きいものを用意します。腹骨を包丁で取り、ハラスは別に切り分けておきます。残りの身を半分に切ったら一口大にします。ポイントは斜め切りせず、断面が垂直になるように切ること。こうすると皮が均一に焼けるので、生臭さがなくなります。

サケのうま味を味わうために、小麦粉を使って薄めの衣にしましょう。片栗粉でもできますが、衣がはがれやすくなってしまいます。焼くとき、高温の油にサケを入れると身が縮むので、あまり熱しすぎないように。中火で皮からじっくり焼き、半分ほど白く火が通ったら裏返します。ハラスも同様に衣をつけて焼きましょう。

漬け地は水4に対してみりん、しょうゆ、酢が各1の割合。タカノツメとだしパックと一緒に鍋で沸かしたら、下処理した野菜を入れます。野菜は一度加熱した方が、確実に味がしみ込みます。

再び沸いたら火を止め、焼いたサケにかけます。サケと汁はどちらか一方が温かいか、もしくはどちらも温かい状態でつけましょう。冷ましている間に具材に味が入ります。湯気が出なくなれば完成です。

サケの南蛮漬け

作り方

❶サケはうろこがついていれば取り、腹骨を包丁でそいだ後、ハラスだけ切り外し半分に切り、残りは腹側と背側を垂直に2等分してから皮を上にして2本ほど切れ目を入れながら一口大に切ります。

❷玉ネギは一定の厚さになるよう薄切り、ニンジンは皮をむき千切り、長ネギは斜め薄切りにします。

❸①に小麦粉をよくつけて、よく払い、油をひいたフライパンで皮から中火で焼きます。半分ほど火が通ったら裏返し、中火のまま1~2分焼き、揚げ物用のバットなどに取り出し油を切ります。

❹水、みりん、しょうゆ、酢、種を抜いたタカノツメ、だしパックを鍋に入れ沸かします。

❺沸いたら②を入れ、再び沸いたら火を止めて、だしパックを取り出します。

❻⑤を③にかけ、冷まします。

★普通のサケでも同じくできます。

作り方の動画は北海道新聞デジタルで

青ちゃん流　南蛮漬け

ポイント

◎サケの断面がまな板に垂直になるように切る
◎皮からじっくり焼く
◎野菜は一度加熱する

材料(4人分)

サケ……半身か、半身を2等分したもの
玉ネギ……1／2個
ニンジン……1／3本
長ネギ……1／2本
油……大さじ3
水……180cc
みりん、しょうゆ、酢……各大さじ3
小麦粉……適量
タカノツメ(粉唐辛子も可)……適量
だしパック……1袋

タラの三平汁

アラを使って澄んだだし汁に

タラは捨てる部分が少なく、タチ（白子）やタラコを持つ冬に味わいたい魚ですね。アラでだしをとり、きれいに澄んだ汁に仕上げましょう。

下処理で大切なのは塩を振ること。下味をつけるほかに、タラの身は煮ると崩れやすいため、身を締める役目も果たします。塩加減は、アラは全体に行き渡るように、ボウルの中で手でしっかりと混ぜます。一方、切り身は並べて両面に塩がさっとかぶる程度。30分以上おきます。

続いて、火にかけた鍋でさっと湯通しをした後、ボウルの水に移して洗います。皮のぬめりが表面に白く固まり、うろこや血合いも指でかき落としやすくなります。湯通しは切り身、アラの順で。同じお湯を使いますが、水洗いはそれぞれのボウルで行います。お湯の温度が下がらないよう、2切れぐらいずつ作業します。

アラと野菜は、酒、だし昆布と一緒に鍋で水から弱火にかけ、じっくりと煮ます。だし汁を濁らせないためには、沸騰させてはいけません。

煮込む目安は、ジャガイモに竹串がすっと入る程度まで。次に、タラの切り身とタチ、長ネギを入れます。アラよりも鍋に入れるタイミングを遅くするのは、切り身の方が火の通りが早いから。身崩れも防ぐことができます。火を強めて2、3分煮て、塩で味をととのえます。

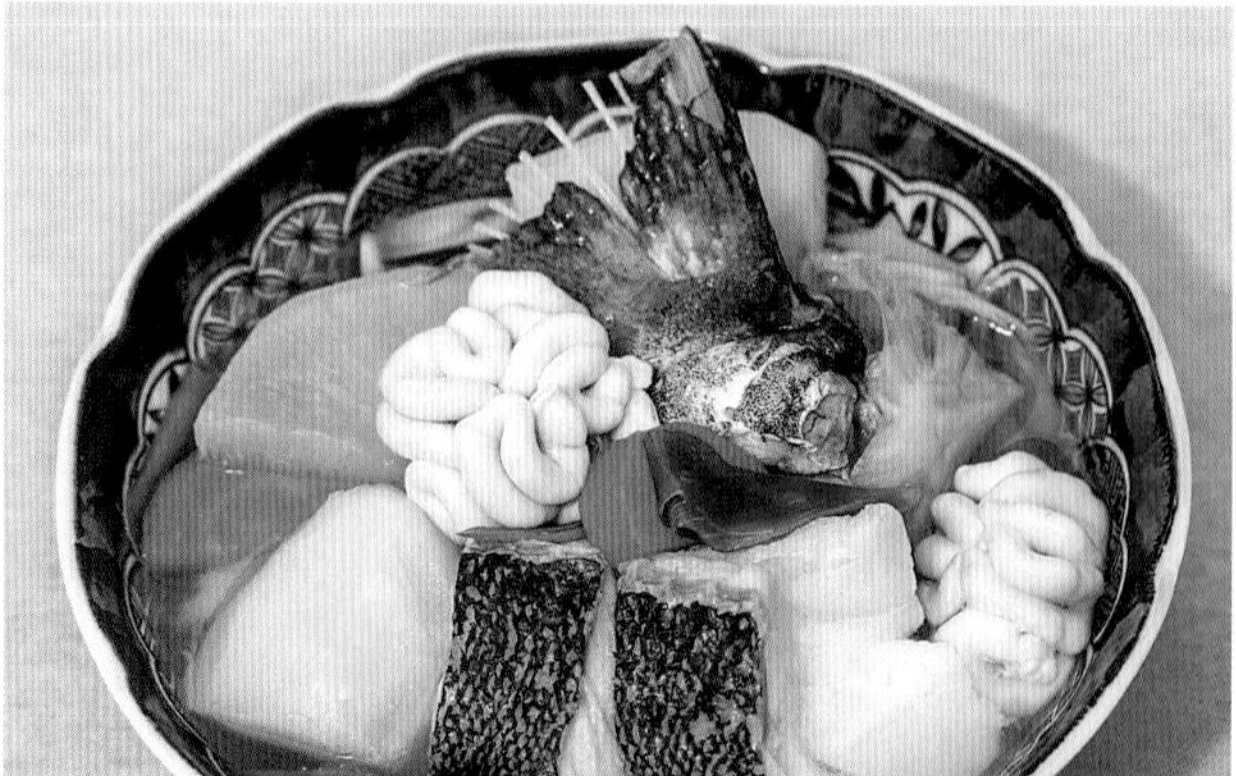

タラの三平汁

作り方

❶切り身とアラにそれぞれ塩を振り、30分以上おきます。切り身の両面に塩5〜10gを振り、下味をつける程度に。アラは25gほどの塩を、ボウルの中でしっかりとなじませます。大根はイチョウ切り、ニンジンは半月切り、ジャガイモはそれぞれ4等分にし、長ネギは斜め切りにします。

❷沸騰したお湯の入った鍋に切り身を入れ、さっと湯通しして水をためたボウルでぬめりや残ったうろこなどを洗い落とします。アラも同じ手順です。

❸鍋にアラと、切った大根、ニンジン、ジャガイモ、水1ℓ、酒、だし昆布を入れ、火にかけて、沸騰させない程度にふつふつと10分ほど煮ます。

❹ジャガイモがやわらかくなったら、切り身とタチ、長ネギを加え、2〜3分煮て、最後に味見をしながら、塩小さじ2を上限に塩加減を調整します。

ポイント

◎下処理は切り身とアラを別々に
◎湯通しと水洗いで魚の臭みを取る
◎アクをすくうときは汁を混ぜすぎない

作り方の動画は北海道新聞デジタルで

青ちゃん流　タラの三平汁

材料（2人分）

マダラの切り身……500g
マダラのアラ……500g
タチ（マダラの白子）……100g
大根……長さ3㎝くらい（100g）
ニンジン……1／2本
ジャガイモ（メークイン）……2個
長ネギ……1／2本
塩……適量
水……1ℓ
酒……100cc
だし昆布……適量

トキシラズの焼き漬け

フライパン一つで皮までおいしく

トキシラズは半身の購入がおすすめです。臭みがなく、皮までおいしく食べられるよう、工夫した切り方ができるからです。

切り方のコツは皮に対して垂直に切ること。こうすると皮がしっかり焼けるので、生臭さがなくなります。

適度な厚さに切ったら、それぞれ皮に2本の切れ目を入れましょう。

冷たいフライパンに薄く油をひき、皮の面を下にして魚を並べ終わってから、火をつける「コールドスタート」がポイントです。

皮の縮みや身割れを防ぎ、味のしみ込みもよくなります。弱火でじっくり温度を上げていきましょう。

魚が半分くらい白くなるまで焼けたら裏返し、調味料を入れて、強火にします。調味料は「酒、みりん、しょうゆ」の分量各1に対し「水」の分量は3です。沸騰したら弱火で3分加熱し、常温まで冷まします。味は冷めるときにしみ込んでいきます。

たくさん作っても、魚にしっかり火が入っているので、冷蔵庫で5日ほどもちます。保存パックに汁と一緒に入れて冷凍保存もできます。お弁当のおかずにもおすすめです。

トキシラズの焼き漬け

作り方

❶トキシラズの半身の腹骨や、うろこなどを取り除きます。

❷皮に対して垂直になるよう、適度な大きさに切ります。

❸冷たいフライパンに油をひき、皮を下に魚を並べ、弱火で焼きます。

❹魚が半分ほど白く焼けてきたら、裏返し、フライパンにAと昆布、だしパックを入れ、強火にします。沸騰したら、弱火にして3分ほど煮て、常温まで冷まします。お好みで大根おろしとカイワレを添えていただきます。

ポイント

◎皮に対し、垂直に切る
◎コールドスタートで身割れを防ぐ
◎味は冷めるときにしみ込む

作り方の動画は北海道新聞デジタルで

青ちゃん流　焼き漬け

材料（4人分）

トキシラズ……半身
油……適量
A［酒、みりん、しょうゆ……各大さじ4
　水……180cc
昆布……約10cm
だしパック……1袋
大根おろし、カイワレ……お好みで

だし巻き卵

油なじませ強火で一気にふっくらと

ポイントは三つ。一つ目は、強火で一気に焼くことです。焦げるのが心配で弱火にする――実は、それが失敗の原因です。弱火でじっくり焼くと、卵液の水分が蒸発してかたくなってしまいます。強火なら、卵が1枚の布のように固まり、巻きやすくなるのもメリットです。

ただし、火力が強すぎても卵焼き器にこびりつきます。ジュワッとした音とともに、大きなあぶくが立つと適温です。

二つ目のポイントは、油をしっかりなじませることです。卵焼き器には焦げつきにくいフッ素加工のものが多くあり、「油の量は少しで十分」と思いがちです。でも、油が少ないと卵液が卵焼き器にへばりつき、ふっくらしません。焼く前に油を多めにひき、キッチンペーパーでよくなじませましょう。その後も、卵液を流すたびに繰り返してください。

三つ目のポイントは卵とだし、調味料のバランスです。だしが多すぎるとやわらかすぎて上手に巻けず、少なすぎるとかたくなってしまいます。今回は卵1個に対し、だしとみりん、しょうゆを合わせて20ccで作りました。卵液をこす人もいますが、粘りがなくなり巻きづらいので、慣れないうちはそのまま焼きましょう。

だし巻き卵

作り方

❶ボウルに卵を割り入れ、Aを加えて、はしで切るように混ぜます。

❷卵焼き器に油を多めにひき、強火で熱してキッチンペーパーでよくなじませます。

❸①の卵液を流し入れ、奥側から手前に巻きます。巻いたら奥に移動させ、再度キッチンペーパーで油をなじませます。

❹③を数回繰り返したら、表面を固めるため、卵液を足さずに両面を焼きます。

❺巻きすで形を整え、5分休ませます。

ポイント

◎強火で一気に焼く
◎卵焼き器に油をしっかりなじませる
◎だし、調味料のバランスに注意

作り方の動画は北海道新聞デジタルで

青ちゃん流　だし巻き

材料（4人分）

卵……………………4個

A
- だし汁……………大さじ4
- みりん、砂糖…大さじ1
- しょうゆ…………小さじ1
- 塩………………小さじ1／2

油……………………適量

※だし汁の分量は、水1ℓ、昆布5g、かつお節20g。作り方はP152参照

夏野菜の揚げ焼き浸し

油でうま味を閉じ込めて

多めの油で焼く揚げ焼きは、うま味を閉じ込めつつ味をしみやすくする調理法。素材に合った切り方と下ごしらえがポイントです。

ナスの色素は水溶性なので、飾り包丁を入れたら油をまぶし、皮目から焼いて7分通り火を通してしまうのが美しく仕上げるコツです。ゴーヤは長く加熱すると苦みが増すため、わたをスプーンで取り除いて薄く切り、強火で30秒揚げ焼きにします。

ズッキーニやカボチャ、レンコンはやや厚めにスライスし、軽く焼き色をつけて。シシトウは茎を切りそろえ、へた下1㎝に浅く切れ目を入れて、加熱時にはぜるのを防ぎます。揚げ出し豆腐は、片栗粉ではなく小麦粉を薄くまぶすと、フライパンで焼いても衣がはがれません。

本書の漬け地は、手順を簡略化していますので、だしが十分に出るように、かつお節を入れて火を止めたら粗熱がとれるまで待ち、クッキングペーパーを敷いたざるでこして、よく絞ってください。

この漬け地は、めんつゆと同じ万能だしです。冷や奴やお浸しなどにも使え、残ったら冷蔵庫で5日間くらい保存できます。

夏野菜の揚げ焼き浸し

作り方

❶漬け地を作ります。鍋に調味料と水と昆布を入れて火にかけ、沸騰直前に昆布を取り出します。沸騰したらかつお節を入れ、15秒煮出して火を止めます。粗熱を取ってこします。

❷ナスはへたを落として縦に二つ割りし、皮に斜めに飾り包丁を入れ、身には縦に2本切り込みを入れて、四つに切ります。保存袋に入れ、油を適量まぶします。フライパンに深さ約1㎝の油を熱して皮目を下にして並べ、両面焼いて油を切ります。バットにナスが半分浸るくらいの漬け地を入れ、ナスを浸します。ゴーヤ、ズッキーニ、ミニトマト、カボチャ、レンコン、シシトウも揚げ焼きし、同じ漬け地に浸します。

❸豆腐は軽く水切りして適当に切り、小麦粉を薄くつけて全面を揚げ焼きします。

❹野菜と豆腐、漬け地を器に盛り、豆腐に千切りミョウガ、かつお節をのせます。

ポイント

◎ナスは皮を下にして油を吸わせる
◎野菜は1種類ずつ適切な加熱で
◎豆腐には小麦粉を振る

作り方の動画は北海道新聞デジタルで

青ちゃん流　揚げ焼き浸し

材料（お好みで）

お好みの野菜
（ナス、ズッキーニ、ゴーヤ、ミニトマト、カボチャ、レンコン、シシトウなど）……各適宜
油……適量
木綿豆腐、小麦粉、ミョウガ、かつお節、揚げ油……各適量

【漬け地／作りやすい分量】
しょうゆ、みりん、酒……各100cc
水……400cc
昆布……15㎝
かつお節……10g

うま煮

強火のままで具材につや

煮物というと、弱火でじっくり調理するイメージでしょうか。この「うま煮」は、強火であっという間に仕上げます。

サトイモの下ごしらえは、米を大さじ1を入れてゆでると、ぬめりが取れ白くきれいに仕上がります、やわらかくなったら水に入れ、中まで冷やすと煮崩れしません。

鶏肉は皮を下にしてフライパンに入れて、強火にかけ、皮から油を出すことがポイントです。

強火のまま、火の通りにくい具材を入れ、鶏肉から出た油をなじませます。調味料は酒、みりん、砂糖、だしの順番に入れます。強火で煮るとあぶくがたくさん出てきますが、火を弱めたり、ふたをしてはいけません。このあぶくによってみりんや砂糖の糖分が練り合わされ、具材につやが生まれるからです。煮汁が半分くらいになったら最後にしょうゆを加えると香りが飛ばず、色もきれいに仕上がります。強火のままで1分ほど煮て、少し混ぜれば完成です。

うま煮

作り方

❶鍋にだし用の水1ℓを張り、昆布と干しシイタケを入れて弱火にかけます。
❷沸騰したらかつお節を入れ、5分ほど煮出して火を止めます。アクをとったらキッチンペーパーなどでこします。
❸サトイモは断面を六角形にする「六方むき」にし、米と一緒に水からゆでます。串が入るようになったら水に入れ、ぬめりを取りながら冷やします。
❹ニンジンは乱切り、タケノコは一口大に切り、コンニャクは飾り包丁を入れて一口大に切ります。
❺④を鍋に入れ水からゆで、ニンジンがやわらかくなったらお湯を切り水で冷やします。
❻ゴボウ、つとは乱切りに、レンコンは1㎝くらいの厚さのイチョウ切りし、干しシイタケは軸を取り半分に切ります。
❼鶏肉は12等分し、フライパンに皮を下にして強火にかけます。
❽鶏肉から油が出始めたらゴボウ、レンコンを入れ、表面が透き通ってきたら⑤とつとを入れます。
❾全体に油が回ったら酒、みりん、砂糖の順に入れ、少し煮立たせて、だし300㏄とサトイモ、①の干しシイタケを加えて再び炊きます。
❿煮汁が半分くらいになったらしょうゆを入れ1分ほど待ち、全体を軽く混ぜたら火を止めて塩ゆでしたキヌサヤを入れます。

ポイント

◎具材は下ゆでしたらしっかりと中まで冷やす
◎最後まで強火
◎酒→みりん→砂糖→だし→しょうゆの順で

作り方の動画は北海道新聞デジタルで

青ちゃん流　うま煮

材料（2人分）

鶏モモ肉……300g
サトイモ、ニンジン、タケノコ水煮、ゴボウ、つと（なるとやかまぼこでも可）、レンコン…各100g
コンニャク……150g
酒、みりん、砂糖、しょうゆ……各60cc
米（炊いたごはんも可）……大さじ1
キヌサヤ……5枚

【だし／作りやすい分量】
水……1ℓ
昆布……20㎝
荒削りかつお節……30g
干しシイタケ……2個
※使うだしは300cc

ジャンボ茶わん蒸し

2層にすれば具材が沈まない

水に味の出る具材と昆布、調味料を入れて煮立て、こくのある合わせだしを取ります。ポイントは水から煮ること。エビや鶏肉がぱさつかず、昆布のだしもよく出ます。

人肌に冷ましただしを、といた卵に混ぜてこし器を通せば、卵液の出来上がり。L玉の卵1個で180ccの液体を固めることができます。器は浅めの鉢や小ぶりの土鍋を温めておきます。最初に卵液だけを7分目ほど入れて蒸し固めます。そこへ具をのせ、残りの卵液を流し入れて、もう1度蒸す。こうすると具が沈まず、ぐっと豪華に仕上がります。

器をそっとゆらして、表面が均一にゆれるようになれば蒸し上がり。

フライパンで蒸す場合は、器が底につかないようにアルミホイルでリング状の台座を作って器をのせ、フライパンの縁にもホイルの台座をのせてから、ふたをします。器をのせる台座の高さは2cmくらい。器がお湯につからないよう、お湯の深さは1・5cm程度にします。密閉すると温度が100度を超え、「す」が入るので、蒸気が逃げるくらいがちょうどいいです。必要に応じて途中で差し湯をしてください。

ジャンボ茶わん蒸し

作り方

❶餅は一口大に切って焼きます。エビは背わたを取り、シイタケは石突きを取って四つに切ります。キヌサヤは塩ゆでし、かつお節はだし袋に入れます。

❷鍋に水、薄口しょうゆ、みりん、昆布、鶏肉、殻付きエビ、シイタケを入れて火にかけ、沸騰したら弱火にしてアクを取ります。再び強火にしてだし袋を入れ、1分煮出して人肌に冷まし、こします。エビの殻をむき、鶏肉、シイタケとともに具材として取っておきます。

❸卵液を作ります。ボウルに卵を割りほぐし、②の合わせだし720㏄を加えてこし器でこします。

❹温めた浅い鉢に卵液を7分目まで入れ、ラップをします。フライパンに湯を沸かし、アルミホイルの台座を入れて鉢をのせます。フライパンの縁にも台座をのせ、ふたをして中火で10～15分蒸します。

❺卵液が固まったら鉢を取り出し、具材を半量ずつのせて、残りの卵液を流し入れます。再びラップをし、卵液が固まるまで弱火で5～7分程度蒸します。

作り方の動画は北海道新聞デジタルで

青ちゃん流　ジャンボ茶わん蒸し

ポイント

◎具材でだしを取る
◎卵1個に対し、だし180㏄
◎器（鉢）を温める

材料（2人分）

卵（L玉）……4個
餅……適量
鶏モモ肉（一口大）……4切れ
殻付きエビ……4匹
シイタケ……1枚
クリ甘煮……4個
黒豆甘煮……適量
キヌサヤ……4枚

【だし】
水……600㏄
薄口しょうゆ、みりん……各60㏄
昆布……10㎝
かつお節……20ℊ

ジャガイモの煮っ転がしバター風味

つやが出るまで煮詰める

ほくほくのジャガイモを一層おいしく味わう料理です。「ジャガイモの煮っ転がし　バター風味」。「煮っ転がしなんて煮るだけでは」と思うかもしれませんが、ちょっとした工夫でさらにおいしい一品に仕上がります。ぜひお試しください。

ジャガイモを皮がついた状態で4等分し、包丁を滑らせながら皮をむいていきます。傷んでいたり、くぼみがある部分は、えぐるのではなく、断面を切り取ります。面取りも忘れずに。煮崩れ防止には欠かせません。皮をむいたら、しばらく水に浸します。

続いて油をひいたフライパンでジャガイモを強火で炒めます。表面が透き通り、油が全体的に通ったら、酒、みりん、砂糖の順に加え、一気に強火でアルコール分を飛ばして煮ます。さらに水とだしパックも入れます。

アルミホイルで落としぶたをして強火で5分間煮て、竹串を刺してすっと通ったらしょうゆを加えます。さらにつやが出るまで煮詰め、仕上げにバターを入れて出来上がりです。

ジャガイモの煮っ転がし バター風味

作り方

❶ジャガイモは4等分に切り、皮を包丁でむき、面取りもして、水によくさらします。
❷フライパンに油をひき、ジャガイモの表面が透き通るまで強火で炒めます。
❸酒、みりん、砂糖、水の順でフライパンに加え、だしパックも入れます。アルミホイルで落としぶたをして強火で約5分煮ます。
❹ジャガイモを竹串で刺して通ったら（まだかたい場合は適量の水を足す）、しょうゆを入れて、つやが出るまで煮詰めます。
❺火を止め、仕上げにバターを入れます。

ポイント

◎ジャガイモは面取りを忘れずに
◎調味料を加えたら強火で一気に煮る
◎しょうゆは最後に加える

作り方の動画は北海道新聞デジタルで

青ちゃん流　煮っ転がし

材料（4人分）

ジャガイモ……6個
油……大さじ1
酒、みりん、砂糖
……各大さじ3
水……360cc
だしパック……1個
しょうゆ……大さじ3
バター（有塩）……20g

黒豆艶《つや》煮

豆を水で戻すときに砂糖を入れて

悩みで多いのは「しわが寄る」「やわらかくなりにくい」「色がきれいに出ない」の3点です。

まず、煮る作業に入る前日、乾燥豆を水で戻すときに砂糖（三温糖）を入れます。この段階で砂糖を入れれば、しわを防げ、煮るときの手間も減らせます。

黒豆の発色に重要なのは〝鉄〟です。黒豆に含まれる色素のアントシアニンは水に溶け出しやすい一方、鉄イオンと反応すると色が落ちにくくなる特性があります。鉄鍋やさびたくぎがあればいいのですが、ない場合は台所用品のスチールウール（繊維状の鉄のたわし）が便利です。

鍋で、戻し汁ごと煮ます。豆の中心に熱が通るよりも先に外側がやわらかくなると、しわが寄ったり、煮崩れしやすくなったりします。一度沸騰させたら、50度くらいまで温度を下げるのが理想的で、鍋に入れたのと同量の差し水をします。

しわを防ぐには、煮汁の量も大事。豆が顔を出して乾燥しないよう、汁が減ったらお湯を足します。さらにキッチンペーパーをかぶせ、ふたもします。

好みのかたさになったら、仕上げです。ふたをしたまま煮汁ごと冷ませば、蒸気で豆の水分を逃がさず、ふっくらと仕上がります。

黒豆艶煮

作り方

❶ボウルに、お茶パックなどに入れたスチールウールと、洗った黒豆、水、三温糖を入れ、8時間以上つけます。三温糖は、かくはんしてとかします。

❷①を鍋（できれば鉄鍋）に移して火にかけ、沸騰したらアクを取り、差し水200cc（分量外）を加えてごく弱火にします。キッチンペーパーをかぶせてさらにふたをし、好みのかたさになるまで煮ます。目安は1時間程度。

❸煮汁が少なくなって豆が顔を出しそうになったらお湯を足します。

❹仕上げに甘みを引き締めるしょうゆを入れて火を止め、キッチンペーパーをかぶせてふたをしたまま常温まで冷まします。

★スチールウールは最後まで鍋に入れたままです。

ポイント

◎砂糖は黒豆を水で戻すときに入れる
◎スチールウールで発色を良く
◎しわを防ぐには煮汁の量にも気配り

作り方の動画は北海道新聞デジタルで

青ちゃん流　黒豆

材料（2人分）

黒豆……………100g
水………………200cc
三温糖…………100g
しょうゆ………大さじ1

親子丼

余熱を利用し、卵がとろり

まずは昆布とかつお節から、雑味の少ない一番だしを取ります。昆布は水から鍋に入れ、鍋肌に細かな気泡がつく70度くらいで引き上げます。かつお節は大きな気泡が出る「沸く瞬間」に入れ、すぐに火を消します。かつお節を入れるとき、ぐらぐらと沸いた状態だと香りが出にくく、温度が低いと生臭みが出やすいのです。一番だしは多めに作っておくと、ほかの料理にも使えます。冷蔵庫で3日くらいもちます。

鶏肉に下味をつけることも大切です。しっかりとした下味で、卵でとじたときに味にまとまりが生まれます。味の決め手になる合わせだしは、一番だし4に対して酒、みりん、しょうゆが各1。鶏肉に火が通ったら、味をしみ込ませるために常温まで冷ますのがポイントです。

いよいよ卵でとじます。1人分で卵を2個使う場合、合わせだしは卵がふんわりと固まる120ccです。底が浅く広いフライパンに鶏肉など具材を入れ、沸騰したら強火にし、卵を全体に流し入れ、すぐにふたをします。卵をとろりとさせるためには強火のまま10秒、火を消して余熱で30秒。卵料理は余熱を上手に使うことが大切です。

親子丼

作り方

❶水と昆布を入れた鍋を弱火にかけ、70度くらいになったら昆布を取り出します。
❷強火にし、沸騰したところでかつお節を入れてすぐに火を止め、軽くかき混ぜたら箸で押さえる程度にキッチンペーパーでこし、一番だしを取ります。
❸240ccの一番だしに酒、みりん、しょうゆを加え、合わせだしを作ります。
❹鶏モモ肉は皮を下にして1～2㎝の角切りにし、肉が浸るくらいの③と鍋に入れ、火にかけます。
❺肉に火が通ったら、煮汁の中で常温になるまで冷します。
❻底の浅いフライパンに③を240cc、くし形切りにした玉ネギ、斜め切りした長ネギ、⑤を入れ強火にかけます。
❼沸騰し始めたら一度弱火にし、卵をざっくりととといて、フライパンのふたを用意します。
❽強火に戻し卵を上から全体に回しかけたら三つ葉を入れ、すぐにふたをし、強火のまま10秒。火を止めて30秒待ちます。
❾丼にごはんをよそい、⑧をかけます。

ポイント

◎合わせだしは一番だし4に対して酒、みりん、しょうゆ各1
◎鶏肉には下味をつける
◎卵を入れたら強火10秒、余熱30秒

作り方の動画は北海道新聞デジタルで

青ちゃん流　親子丼

材料（2人分）

鶏モモ肉……200g
卵……4個
玉ネギ……1／2個
長ネギ……40g
ごはん……2人分

【一番だし】
水1ℓに対して昆布15㎝、かつお節20g

【合わせだし】
一番だし……240cc
酒、みりん、しょうゆ……各大さじ4

三つ葉……適量

炊き込みごはん

だしの出る食材から鍋に

まずは米を研ぎましょう。炊き込みごはんは全体の水分量が重要なので、米はざるに入れて研ぎます。

炊き込みごはんを作るときは、ホーロー鍋や土鍋など、中の熱が冷めにくい、できるだけ厚手の鍋を使いましょう。

鍋に水気を切った米を入れたら、火が通りにくい食材、だしの出る食材から入れていきます。今回は鶏肉→ニンジン→ちくわ→ひじき（水で戻しておく）→キノコ類→油揚げの順です。

次に調味料を入れます。今回は水5に対し、酒、みりん、しょうゆの割合は1です。分量をきちんと量ったら、水→酒→みりん→しょうゆの順に、鍋肌から入れましょう。炊き込みごはんの色むらが出ないようにするためで、入れる順番にも注意が必要です。

鍋を強火にかけます。沸騰したら弱火にしてふたをします。10分炊いたら火を止め、さらに10分蒸らします。蒸らし終わったら完成です。

炊飯器で作る場合、内釜で米を研ぐ際はざるを使って水を切り、レシピ通りの水分量を守って炊くのが、おいしく作るコツです。

炊き込みごはん

材料（2合分）

米……2合
鶏肉……100g
シイタケ……2枚
ブナシメジ……1／2パック
エノキダケ……1／2束
マイタケ……1／2パック
ちくわ……2本
油揚げ……2枚
乾燥ひじき……2g
ニンジン……50g
水……250cc
酒……50cc
みりん……50cc
しょうゆ……50cc

作り方

❶米を研ぎ、水に20分以上つけておきます。
❷具材を切ります。キノコ類は石づきを取り、シイタケは薄切り、ブナシメジとマイタケはお好みでほぐし、エノキダケは半分に切る。ちくわは輪切り、ニンジンは皮をむいて細めの短冊切り、油揚げは薄切り、鶏肉は一口大に切ります。乾燥ひじきは水で戻しておきます。
❸鍋に水切りした米、②の具材、調味料（水→酒→みりん→しょうゆの順）を入れ、強火にかけます。
❹沸騰したら弱火にしてふたをし、10分炊きます。
❺火を止めて10分蒸らし、よく混ぜます。

ポイント

◎水分量をきっちり守る
◎調味料を入れる順番が大事
◎沸騰するまで鍋のふたはしない

作り方の動画は北海道新聞デジタルで

青ちゃん流　炊き込み

香りザンギむすび

余熱で肉汁じゅわっと

北海道独特の鶏の唐揚げ「ザンギ」。外はカリッ、中はジューシーに揚げるコツは、①衣に油を加えて火の通りをよくする ②粉は片栗粉と小麦粉を同量で ③早めに油から引き上げて余熱で火を通す――の3点です。

鶏モモ肉は10等分して下味をつけ、10分以上おきます。調味液ごと片栗粉を混ぜてから小麦粉をもみ込むと、ダマになりません。

揚げ油の温度はやや低温の160度。鶏肉を入れたら、少し火を強めて温度をキープします。衣がはがれるので、最初の2分は触るのを我慢しましょう。衣が固まったら返してもう2分ほど揚げ、濃く色づいたところで引き上げます。このとき、中心はまだ生。そのまま2分おくと余熱で火が通り、じゅわっと肉汁がにじむ理想の揚げ上がりになります。

このままでも十分おいしいザンギですが、ここでひと手間。ネギとごまの香るタレをからめ、小さめのおむすびに埋め込むように軍艦に握って出来上がり。揚げ時間は1切れ約30gの場合の目安です。鶏肉が小さいときは8切れに切るなど調整してください。

香りザンギむすび

作り方

❶鶏肉は10切れにする。ボウルに鶏肉を入れ、下味の調味料や香辛料を加えてもみ込み、10分以上おきます。

❷①のボウルに片栗粉を加えて混ぜたら、小麦粉を加え、さらにもみ込みます。

❸深さ6㎝程度の揚げ油を160度に熱し、鶏肉を1切れずつ軽く握って油に落とし、少し火を強めて温度を保ちながら、触らずに約2分揚げます。衣が固まったら返しながらさらに約2分揚げ、濃く色づいたら油を切って引き上げ、2分おいて余熱で火を通します。

❹フライパンにタレの材料を煮立て、ザンギを入れて味をしみ込ませます。小さめのおむすびを作り、タレのしみたザンギを半分埋め込むようにのせて俵形に整えます。横6等分に切ったのりを側面に巻き、軍艦巻きにします。

ポイント

◎調味液ごと粉を混ぜて衣に
◎揚げ始めの2分間は触らず
◎余熱で火を通す

作り方の動画は北海道新聞デジタルで

青ちゃん流　ザンギむすび

材料（2人分）

鶏モモ肉……1枚（300g）

【下味】
酒、しょうゆ……各大さじ2
みりん、ごま油…各大さじ1
ニンニク、ショウガのすり下ろし……各1片
コショウ……適量
片栗粉、小麦粉…各大さじ3
揚げ油……適量

【タレ】
酒、しょうゆ、みりん、砂糖……各大さじ2
いりごま……大さじ1
長ネギのみじん切り……1／4本分
温かいごはん……適量
のり……2枚

2種の赤飯

水加減に気を付けながら蒸して

もち米を小豆の煮汁で炊いた赤飯と、北海道でおなじみの薄ピンク色の甘納豆の赤飯。今回は2種類を同時に作ります。

小豆は水から煮ます。アクが浮いてきたらしっかり取ります。小豆を使った赤飯は、この煮汁を使ってもち米を蒸すので捨てないようにしましょう。水につけたもち米をフライパンでから炒りします。すると、もち米に水分が浸透しやすくなり、蒸す時間が短くなります。

フライパンの底に白いのりが張ってきたら、小豆の煮汁を、甘納豆の赤飯の場合は食紅をとかした水を入れてひと煮立ちさせます。もち米1合に対して、水は120cc。ただし、炊飯器では120ccだと米がつかりません。水を多く使って炊いても、べちゃべちゃになってしまいます。

沸いたら、ゆでた小豆か甘納豆を入れ、再沸騰後、火を止めます。おかゆ状になったもち米1合と残った水分を、オーブンシート2枚に半分ずつに分けて包みます（分かりにくい場合は動画を参照）。水加減を計算しているので、汁を残さないように。

包んだもち米を網の上においてふたをし、中火で20分。途中で水がなくならないように気を付けて蒸してくださいね。

2種の赤飯

材料（2人分）

もち米……2合
小豆……20g
甘納豆……30g
お好みで食紅、ごま塩……各適量

作り方

❶軽く洗った小豆を、多めの水が入った鍋に入れて沸かし、沸いたら弱火にして1時間ほどやわらかくなるまで煮ます。
❷6時間以上水につけておいたもち米の水気をよく切り、1合分ずつ強火のフライパンでから炒りします。
❸フライパンの底にのりが張るくらいまで炒めたら、小豆の赤飯なら①のゆで汁、甘納豆の場合は食紅をとかした水をそれぞれ120cc入れ、強火のままひと煮立ちさせます。食紅はごく少量で色がつくので要注意。
❹沸いたら、ゆでた小豆と甘納豆をそれぞれ③に入れ、再び沸かし火を止めます（詳しくは動画参照）。
❺2枚のオーブンシートに④を半合ずつのせて包み折りします。
❻フライパンに水を張って沸かし、アルミホイルをドーナツ形に固めた土台をおき、網をのせます。
❼⑥に⑤をおき、ふたをして中火で20分蒸します。
❽お好みでごま塩を振ります。
★普通の蒸し器、もしくは市販の簡易蒸し器でもOK

ポイント
◎もち米はフライパンでから炒りしてから蒸す
◎水の量をしっかり量る
◎蒸し器がなくても簡易蒸し器で手軽に

作り方の動画は北海道新聞デジタルで

青ちゃん流　赤飯

いなりずし

小揚げの油抜きが味の決め手

いなりずしで最も大切なのは小揚げの油抜きです。ポイントは、半分に切った小揚げの中をしっかり開くことと、たっぷりのお湯でゆでること。しっかり油抜きをすると、味がしみ込みやすくなります。

小揚げの味付けのポイントはしょうゆを最後に入れること。塩辛さは食材に入りやすいので、先に甘みを入れます。しょうゆの風味や色を損なわないためでもあります。冷まして味がしみ込めば、いなりずしの皮は完成です。

すし酢は、酢が2に対し砂糖1、塩0・2の割合です。すし酢は鍋で沸かすと、まろやかになります。米は必ず炊きたてか電子レンジなどで温めて「湯気が上がっている」ものを使いましょう。しゃもじで切るように混ぜ、うちわなどであおいで湯気を飛ばし、また混ぜるを繰り返します。こうすることで、米がつややかになります。

皮は指で押して汁が垂れない程度、少し強めにしぼります。汁が多いとすし飯が水気を吸ってべちゃべちゃになってしまいます。すし飯は皮に入れる前に軽く握って形を作っておきます。皮の端までしっかりすし飯を入れましょう。

いなりずし

作り方

❶小揚げは半分に切り、鍋に沸かした多めのお湯でしっかりゆで、油を抜きます。

❷フライパンなど底が浅く広い鍋に水400cc、みりん、砂糖、酢を入れ火にかけます。だしパックと①を入れキッチンペーパーなどで落としぶたをし強火にします。

❸②が沸いたら弱火にし、10分煮てからしょうゆを加えます。1～2分たったら火を止めます。小揚げを裏返して落としぶたをしたまま冷まします。

❹鍋に酢、砂糖、塩を入れ火にかけ、沸いたら火を止めて冷まし、すし酢を作ります。

❺炊きたての米をボウルなどに移し、④を全体にかけよく混ぜます。水にぬらしてしぼったさらしか、キッチンペーパーを上にのせて冷まします。

❻よくしぼった③の皮に⑤を適量入れ、包みます。包まずに切り口を開け、いり卵、サケフレーク、アスパラをお好みでのせると三色いなりになります。

ポイント

◎小揚げはしっかり油抜きする
◎しょうゆは味付けの最後に入れる
◎すし飯は湯気を飛ばしながら切るように混ぜる

作り方の動画は北海道新聞デジタルで

青ちゃん流　いなりずし

材料（10個分）

小揚げ……5枚
水……400cc
みりん、砂糖、しょうゆ……各100cc
酢……小さじ1
かつおだしパック……1個
【すし酢】
酢……30cc
砂糖……15cc
塩……3g
米……1合
いり卵、アスパラ、サケフレーク……各適量

鍋で炊くごはん

十分な浸水がねばりや甘みを生む

鍋でごはんを炊くときは、米や水をちゃんと計量するところから気を配りましょう。米1合は180ccとして計算します。

米は最初ほど水をよく吸うため、1回目の水はぬか臭さを取り除くよう、手早く研いで水をかえます。続いて、水に20分以上浸します。米の芯まで火を通し、でんぷんがうまくねばりや甘みを生むためにも、気を抜けない作業です。無洗米でも、浸水時間は変わりません。

鍋に米を移すときは、ざるで水をよく切ります。これも、続いて鍋に入れる水を正確に計量するためです。米に対して水の量は1・1倍。鍋の特性に合わせて水分を調整してください。水蒸気が逃げにくければ、水を少し減らしましょう。

鍋を火にかけ、まずは強火で沸騰させます。沸き具合を確認しやすいよう、ふたをせずに見守ります。沸騰したら、ふたをして10分間、弱火で炊きます。火を止めてさらに10分間、蒸らして完成です。

ただし、火を止めた時点では、米の表面は水分が多く、粘りもまだ芯まで通っていません。ふたは取らず鍋の中の温度を下げないようにして待ちます。

鍋でうまく炊けたごはんは、冷めてもおいしいですよ。

鍋で炊くごはん

材料（ごはん2合分）

白米……2合（360cc）
水……400cc

作り方

❶ボウルにざるを重ねて米を入れ、米を研ぐ。特に水を吸いやすい1、2回目は手早く研ぎ、水をかえ、4回ほど繰り返し、水に20分以上浸します。

❷浸した水をよく切って、米を鍋に移し、水を加えます。一般的な鍋なら米1合（180cc）に対して水200cc。今回は米2合なので水400ccを入れます。

❸ふたをしないで強火にかけ、沸騰したらふたをして10分間、弱火で炊きます。

❹10分たったら火を止め、さらに10分間蒸らします。蒸らす間は熱を逃がさないよう、ふたは取りません。

ポイント

◎研いだ後の米を20分以上、水に浸す
◎鍋の水を沸騰させるまでふたは不要
◎蒸らすときはふたを開けずに我慢

作り方の動画は北海道新聞デジタルで

青ちゃん流　鍋で炊く

お好み焼き

空気を入れるように混ぜてフワッと

ボウルに小麦粉、長イモ、卵を入れ、スプーンで混ぜます。空気を入れるように混ぜるのがフワフワな食感を出すポイントです。よく混ざったら、水と昆布茶、かつお節を入れます。だし汁を入れなくても、昆布茶とかつお節で味に深みが出ます。

次に天かすとキャベツを入れます。天かすを入れることで、生地を焼くときに火の通りが早くなります。その後、お好みの具材を混ぜ合わせましょう。キャベツから水分が出てしまうので、焼く枚数分を一度に混ぜるのではなく、焼く直前に1枚ずつ混ぜましょう。ふっくらと仕上がります。

次に生地を焼きます。豚バラ肉は芯になる部分です。半分に切った豚肉を鉄板（フライパンも可）の真ん中に縦に並べます。豚肉から十分な油が出てくるので、鉄板に油をひかなくても大丈夫です。

豚肉の上に生地を流し入れたら、形を整え、中火～弱火でじっくりと焼きます。気泡が表面全体に出てきたら、裏返して3分ほど焼きます。ここで気をつけてほしいのが、上からヘラで押しつけて焼かないこと。

上にソースと青のり、お好みでマヨネーズや紅ショウガ、かつお節をかけて完成です。

お好み焼き

作り方

❶長イモはすり下ろし、キャベツは粗みじん切りにします。
❷ボウルに小麦粉、長イモ、卵を入れて、スプーンで空気を入れるように混ぜ、よく混ざったら、水、昆布茶、かつお節を入れ混ぜます。
❸天かすとキャベツを入れてよく混ぜ、さらにエビ、イカ、タコを入れて混ぜます。
❹豚バラ肉を半分に切り、温かくした鉄板に肉を真ん中に縦に並べ、その上に③を流し入れます。
❺中火から弱火で表面全体に気泡が浮いてくるまでじっくり焼きます。裏返してさらに3分焼きます。
❻お好み焼きソースを塗り、青のりをかけていただきます。

ポイント

◎生地は1枚分ずつ混ぜる
◎空気を入れるように混ぜる
◎焼くときは上から押しつけない

作り方の動画は北海道新聞デジタルで

青ちゃん流　お好み焼き

材料（1枚分）

小麦粉……大さじ4
長イモ……60g（大さじ4）
卵……1個
水……大さじ2
昆布茶……小さじ1
かつお節……ひとつまみ
天かす……大さじ2
キャベツ……100g
豚バラ肉……肉2枚
エビ、イカ、タコ……各適量（計約50g）
お好み焼きソース、青のり……各適量

冷たい麺のおいしい食べ方

めんつゆは削り節選びがカギ

冷たい麺に合う、めんつゆを作ります。ポイントは削り節の種類です。削り節は、一般的なかつお節のほか、さば節、宗田がつお節、むろあじ節、まぐろ節などがあります。だしが主役の茶わん蒸しやすまし汁といった料理の場合は、まぐろ節やかつお節が適していますが、そうめんやそば、うどんなどのめんつゆの場合は、コクがあり濃厚なだしが取れるさば節や宗田がつお節が合います。今回は市販されている、さば節と宗田がつお節の混合削り節を使いました。

冷たい麺にかけたり、つけたりして食べるめんつゆは、酒・みりん・しょうゆ各1に対して、水4の割合で作るのがちょうど良いです。お好みの濃さにしたい場合は水の量で調節を。鍋に調味料と水、昆布、削り節を入れて、じっくり煮出すのが大事です。火を止めたらうま味を出すため、だし殻を取り出さずに、そのまま常温まで冷まします。ざるでこすときにだし殻をしっかりしぼるのがポイントです。

一番だしを取るときは、だし殻をしぼらないのが鉄則ですが、めんつゆの場合はしっかりしぼってうま味を全部出し切りましょう。

めんつゆはペットボトルなどに入れて冷蔵保存すれば5日間は持ちます。

冷たい麺のおいしい食べ方

作り方

❶めんつゆを作ります。水400ccに酒、みりん、しょうゆ、昆布、削り節を鍋に入れて火にかけ、沸騰したらアクを取り、弱火で5分煮出します。

❷常温になるまで冷ましたら、ざるにキッチンペーパーやさらしをのせて、こします。

❸具材を作ります。小揚げは細切りにし、お湯の沸いた鍋に入れ、軽くゆでて油抜きをします。水気を切り②のめんつゆ100ccと砂糖を別の鍋に入れて火にかけ、小揚げを加えて、汁がなくなるまで弱火でコトコト煮ます。

❹ミョウガを薄切りにして、水で洗い、水気を切ったらだし殻の削り節とあえます。長ネギは小口切りにして水で洗い、水気を切っておきます。キュウリ、だし殻の昆布は千切りにし、ミニトマトは半分に切り、ショウガはすりおろします。

❺ゆでたそうめんを皿に盛り、③④の具材をのせ、②のめんつゆをかけます。

ポイント

◎さばや宗田がつおの削り節をしっかり煮出す
◎だし殻も具材として活用

作り方の動画は北海道新聞デジタルで

青ちゃん流　冷たい麺

材料（2人分）

そうめん……3束
削り節……20g
昆布……5g
水……400cc
酒、みりん、しょうゆ……各100cc

【具材】

小揚げ……2枚
ミョウガ……2本
長ネギ……1／2本
キュウリ……1／2本
ミニトマト……4個
ショウガ……適量
砂糖……大さじ1

下処理について

食材の下処理が料理のおいしさと美しさを左右すると言っても過言ではないと思っています。特に下処理が大切な料理といえば魚料理。ウロコやぬめりをしっかり取ることで生臭みが驚くほどなくなります。煮魚にする場合は、さらに湯通しして残ったウロコやぬめりを固めて洗い取ると上品な味わいになります。漬け魚やマリネにするときには軽く塩を振ると浮いてきた水分と共に臭みも抜け、さらに調味料のしみ込みもよくなります。

食材を切るというのも大事な下処理です。

料理によって形や大きさを揃えたり、味のしみ込みをよくするように面積を広くしたり、切れ目を入れたり。かみごたえを考えて、繊維の方向を見定め繊維を短くしてやわらかくする、または長くして歯ごたえを残すと味わいも変わります。

煮物の野菜は球体に近い方が煮崩れないので、角のあるところは落とします。うま煮で登場した六方むきやジャガイモの煮っ転がしの面取りも、表面はなめらかになるように包丁をすべらすように一気にさばくこともポイントです。

また、早く火を通して味のしみ込みを早くするために乱切りのような切り方もありますので、料理に合わせて切り方を考えると美しくおいしく仕上がります。

洋食

特別な日を彩るメインディッシュや、大人も子どもも大好きなハンバーグやカレー、グラタンなどなど。フレンチ・イタリアン・スペイン料理から日本が育んだごはんに合う洋食まで、ご家庭で簡単にプロの仕上がりを再現できるレシピを紹介します。

フライドつくねチキン

「2度付け」で歯ごたえ

まず、手羽先の2本の中骨の先端をキッチンばさみで切り離し、骨の周りに深めにはさみを入れて腱《けん》を切ります。次に、皮を下にして手羽先を両手で持ち、関節をへし折り、ぐるぐる回して外します。あとはキッチンペーパーで中骨の端をつかみ、ねじりながら引き抜くだけ（詳細は動画参照）。細い骨、太い骨の順です。できた空洞につくねを詰めましょう。

冷めてもさくさくの衣の秘密は、片栗粉が多めのミックス粉。これを水でといたものにくぐらせ、再び粉をつける「2度付け」で、おいしい歯ごたえが生まれます。

揚げ物のポイントは音です。菜箸に衣をつけて勢いよく油に落とし、パチッと鳴ったら適温です。材料を入れると温度が下がるので少し火を強め、触らずに待ち、衣が固まってから裏返します。

シュワーという音が消え、ピチピチという高い音だけになったら少し火を弱めましょう。箸で持ち上げてみて、軽く感じられたら揚げ上がりです。芯はまだピンク色ですが、余熱で火を通してジューシーに仕上げます。

残ったつくねにコーンやチーズ、枝豆などを混ぜたり、冷凍してつみれ汁や鶏ハンバーグにしてもいいですね。

フライドつくねチキン

作り方

❶手羽先は2本の中骨の先端をキッチンばさみで切り離し、骨の周囲にぐるりとはさみを入れて腱を切ります。関節を外し、細い骨、次に太い骨をねじりながら引き抜きます。

❷ボウルに鶏ひき肉と塩を入れ、粘りが出るまで混ぜ、重くなったら卵を加えて混ぜ、よくなじませます。骨を抜いた後の空洞にスプーンで詰めます（口は開いたままでＯＫ）。

❸バットにミックス粉の材料を混ぜ合わせます。ミックス粉大さじ4をボウルに取り分け、同量の水、しょうゆ小さじ1を加えて水とき衣を作ります。手羽先をボウルの水とき衣にくぐらせ、バットのミックス粉をまんべんなくまぶして2度付けます。

❹フライパンに手羽先の厚みの半分程度の油を入れ、１８０度に熱します。手羽先4本を静かに入れて中火にし、衣が固まったら返して色良く揚げ、同様に残りも揚げます。余熱で2分間火を通し、器に盛ってお好みでレモンを添えます。

ポイント

◎骨抜きは丁寧に腱を切る
◎つくねは塩だけでよく練る
◎衣は「2度付け」でカリッと

作り方の動画は北海道新聞デジタルで

青ちゃん流　フライドつくね（チキン）

材料（8本分）

手羽先……………………8本
揚げ油……………………適量
レモン薄切り……………適宜

【つくね】
鶏胸ひき肉……………５００g
塩…………５g（約小さじ1）
卵（L玉）…………………1個
※出来上がりの1／4量を使用

【ミックス粉】
片栗粉……………………大さじ8
小麦粉……………………大さじ4
塩…………………………大さじ1
黒コショウ、バジル、
ガーリックパウダー…適量

【水とき衣】
ミックス粉………………大さじ4
水…………………………大さじ4
しょうゆ…………………小さじ1

チキンソテー

弱火でじっくり水分抜き、皮パリッと

チキンソテーの皮をパリパリに仕上げたいとき、最も気をつけたいのが火加減です。「カリッとさせるときは強火」というイメージがありますが、弱火でじっくり熱し、皮から水分を抜くのがポイントです。

今回は鶏モモ肉を使います。肉に残っている軟骨や筋は歯触りが悪いため、調理前に取り除くのがおすすめです。

はじめに、塩と油で下味をつけます。油によって火の通りが早くなり、肉から水分が蒸発するのを防ぐため、しっとりとした仕上がりになります。保存袋に入れてもみ込むと、調味料が肉全体にムラなく行き渡ります。

鶏肉は皮を広げて下にして冷たいフライパンに入れましょう。重しに水を入れた鍋をのせると、皮が伸びてフライパンにぴったりとくっつきます。このまま弱火で5～7分熱すると、皮がパリパリに焼き上がります。重しの鍋をよけて裏返し、2分ほど焼きます。すぐ切り分けると肉汁があふれ出てしまうので、3分ほど休ませましょう。

野菜は鶏肉と一緒に焼くと、肉汁や下味の油を吸ってうま味や甘みが出るので、ぜひ試してください。

チキンソテー

作り方

❶鶏肉の筋や軟骨を取り除く。ジャガイモとニンジンは厚さ1㎝の輪切りにし、アスパラは5㎝の長さに切ります。

❷保存袋に鶏肉と油、塩を入れてもみ込み、10分おきます。

❸鶏肉の皮を下にして火をつける前のフライパンに入れ、周りにジャガイモとニンジンを並べます。

❹鶏肉の上に、アルミホイルを敷いて水を入れた鍋をのせ、弱火で5～7分焼きます。

❺鶏肉とジャガイモとニンジンを裏返してアスパラを加え、2分ほど焼いたら火を止めて3分休ませます。

ポイント

◎油と塩で下味をしっかり
◎弱火でじっくり
◎重しをのせて皮をパリッと

作り方の動画は北海道新聞デジタルで

青ちゃん流　チキンソテー

材料（2人分）

鶏モモ肉……1枚（約300g）
ジャガイモ……1個
ニンジン……1／3本
アスパラ……1本
油……大さじ1
塩……小さじ3／4

ショウガ焼き

フライパンの火は豚肉を入れてから

豚の切り落とし肉を使って、タレにつけ込んでやわらかく仕上げる簡単レシピです。

保存袋を用意し、中に肉と調味料を入れます。ショウガは皮のまま、すりおろして入れます。市販されているチューブのおろしショウガを使ってもいいです。ビニール袋の口を閉じ、肉に味がしみ込むようにもんだ後、10分以上おきます。朝に下準備しておき、夜に焼いて夕食にするのもいいですね。

つけ込んだ肉を焼きます。ポイントは、冷たいフライパンに食材を入れてから火にかける「コールドスタート」。これで肉がかたくなりません。

袋の中のタレごとフライパンに入れます。豚肉は脂が多いので、油をひかなくても大丈夫。肉がかたまりになったまま焼かないよう、箸やビニール手袋を使ってほぐしながら、フライパンに広げましょう。火をつけ、肉の色が変わるまで強火で焼きます。肉全体に火が通れば、出来上がりです。

切ったキャベツは水につけっぱなしにすると栄養分が逃げてしまいます。軽く洗ってざるをあげ、ラップしておくだけでもパリッとしますよ。

ショウガ焼き

作り方

❶ビニール袋に肉、酒、みりん、しょうゆを入れ、ショウガは皮のまま、すりおろして入れます。

❷袋の口を閉じ、手でもみます。10分以上つけ込んでおきます。

❸袋のタレごとフライパンに入れ、箸またはビニール手袋で肉をほぐしながら、冷たいフライパンに広げて、強火で焼きます。

❹全体的に肉の色が変わってきたら火を止めます。付け合わせの野菜とともに皿に盛ります。

ポイント

◎酒、みりん、しょうゆ、ショウガの割合はすべて「1」

◎タレにつけ込んでやわらかく

◎コールドスタートでさらにやわらかく

作り方の動画は北海道新聞デジタルで

青ちゃん流　ショウガ焼き

材料（2人分）

豚の切り落とし肉……200g

酒、みりん、しょうゆ……各大さじ1

ショウガ……1片

（チューブのおろしショウガは大さじ1）

塩豚のポトフ

水から煮てやわらかく

季節の野菜を煮込んだ、体があったまるポトフを作りましょう。

シンプルな料理こそ、小さなコツが出来上がりを左右します。厚切りのバラ肉に塩をして一晩おいた塩豚は、表面を焼きつけたりせずに水から煮ると、やわらかく仕上がります。丸ごと野菜も一緒に入れ、沸騰したら火を弱めて30分。ジャガイモが煮崩れないよう、小さな泡がふつふつ上がる程度の火加減で。

脂の甘さと野菜のうま味がぎゅっと詰まった金色のスープは、塩だけの味付けなのに後を引くおいしさです。

スープごと味わう料理の味の決め手は塩加減。水の重量の1％が目安です。水2ℓに対し、豚肉にもみ込む分と最後に加える分を合わせて20g。小さじ1はおよそ5gなので、小さじ4杯程度と考えます。

塩加減さえ押さえておけば、「○○の素」を使わなくても、素材のうま味だけでおいしいスープになります。あれこれ加えないシンプルな「引き算のおいしさ」をぜひ知ってください。

塩豚のポトフ

作り方

❶塩豚を作ります。ブロックの豚バラ肉は長さを半分にし、厚みを2等分する。食品保存袋に入れ、塩小さじ2をもみ込み冷蔵庫で一晩おきます。

❷メークインはよく洗い、ニンジンは上下を落とし皮ごと4等分し、玉ネギは上下を落とし皮をむきます。厚手の鍋か土鍋に水2ℓ、塩豚、野菜を入れて強火にかけ、沸騰したらアクを取って弱火にします。ふたをせずに30分ほど煮ます。

❸ロールキャベツを作ります。キャベツは芯をくりぬき、穴のあいた面を上にして塩ゆでし、はがれた葉を水の入った容器にとります。ボウルにひき肉と塩を入れて混ぜ、ねばりが出たら卵を加えてよく混ぜます。カレースプーン1杯分をすくい、ゆでたキャベツの葉にのせ、形良く包みます。

❹②のメークインに8分通り火が通ったら、ロールキャベツを入れて5分ほど煮ます。塩小さじ2を入れて味をととのえ、好みで粒マスタードを添えます。

ポイント

◎豚肉はあらかじめ塩漬けにする
◎塩豚と野菜は水から煮る
◎沸騰させずにコトコトと

作り方の動画は北海道新聞デジタルで

青ちゃん流　塩豚のポトフ

材料（4人分）

【塩豚】
豚バラ肉（ブロック）……1本（500g）
塩（肉の重量の2%）……小さじ2
ジャガイモ（メークイン）、ニンジン、玉ネギ…各適量
水……2ℓ
塩……小さじ2
粒マスタード……お好みで

【ロールキャベツ／作りやすい分量】
キャベツ……1玉
鶏ひき肉……500g
卵（L玉）……1個
塩……小さじ1

骨付き肉のコンフィ

低温で加熱しやわらかく

お肉をやわらかに仕上げるフランス料理「コンフィ」は、肉を塩と大量の油につけ、低温でじっくり火を入れていきます。家庭では肉と油を袋に入れ、湯せんすると簡単にできます。骨付きの豚肉と鶏肉で作ってみましょう。

主役は油です。豚には肉の持つラードの風味を消さないように香りのない白いタイプのごま油を、鶏にはオリーブオイルを使います。油と塩の分量は、肉の重さに対し油20％、塩1％です。袋は、耐熱100度程度のジッパー付きの食品保存袋を使います。

コンロに火をつけたら、袋が鍋のへりに触れてとけないように注意し、沸騰したら火を止めます。

ふたをして1時間おいた後、ふたを外して湯が常温になるまでじっくり冷ましします。さらに袋ごと冷蔵庫に一晩入れて、肉に味をしみ込ませます。

食べるときは袋の油ごとフライパンにあけて、肉の両面を弱火で焼きます。重しをのせ、押しつけて焼くのがコツ。外はカリッ、中は崩れるようなやわらかさです。

骨付き肉のコンフィ（豚肉・右と鶏肉）

作り方

❶骨付き豚肉は骨の表面に包丁で軽く切れ目を入れ、ニンニクも数本切れ目を入れます。ジッパーのついた食品保存袋に豚肉とAを入れます。骨付き鶏モモ肉も別の食品保存袋に入れて、Bを加えます。それぞれ袋の上からもんでなじませ、1時間おきます。

❷大きめの鍋にたっぷり水を入れ、ざるを沈めます。AとBの袋の口を開けたまま水の中に入れ、空気を抜いたら口を閉めます。点火し、沸騰したら火を止めてふたをし1時間おきます。ふたを外し、お湯が常温になったら冷蔵庫に入れて一晩おきます。

❸ジャガイモは6~8等分、ニンジンは半月切り、マッシュルームは縦2等分にします。別々のフライパンに袋の油ごと肉を入れ、それぞれに切った野菜を加えます。

❹アルミホイルでふたをして、その上に平皿と水入りの鍋をおいて重しにし、弱火で5分ごとにひっくり返しながら20分焼きます。最後に一つの器に盛り合わせて完成です。

ポイント

◎耐熱温度100度程度の保存袋を使う
◎1度しっかり冷やす
◎重しをのせてカリッと焼く

作り方の動画は北海道新聞デジタルで

青ちゃん　コンフィ

材料（2人分）

骨付き豚肉（スペアリブ）……300g
A［塩……3g
　香りのないごま油……60cc
　ニンニク……1片
　黒コショウ……少々］
骨付き鶏モモ肉……1本（300g）
B［塩……3g
　オリーブオイル……60cc
　ハーブ……適量］
ジャガイモ……2個
ニンジン……1本
マッシュルーム……2個

ハンバーグ

焼き具合は指で確かめよう

ハンバーグのパテ（たね）を作るときの一番のポイントは、材料や調味料を1種類ずつ、順番を守って入れることです。

まずひき肉には塩だけを加えてよくこね、ひとかたまりになったところで卵を加えます。パテがばらばらになりますが、またしっかりとこねることで再びまとまるようになります。材料を一度に全部混ぜてしまうと、焼いたときにひび割れたり、でこぼこになってしまいます。

玉ネギは生のまま入れると、水分が出てパテがべちゃっとしてしまいます。バターで炒めることで水分を飛ばし、香りをつけます。

パン粉は肉汁や全体のうま味を吸わせるスポンジの役目。必ず乾いたパン粉を使い、最後に入れましょう。生パン粉を使ったり、あらかじめ牛乳に浸したりしてはいけません。

焼き具合をみるには、やけどに気をつけながら指で押して中央のかたさを確かめましょう。箸を刺すのは、せっかくの肉汁が流れてしまうので厳禁です。

ハンバーグ

作り方

❶玉ネギをみじん切りにし、バターで炒め、全体的に透き通ったら火を止め、常温以下に冷まします。

❷ボウルにひき肉と塩を入れ、ねばりが出て、ひとかたまりになるまで手でよくこねます。

❸②に卵を入れ、再びひとかたまりになるまでこねます。

❹③に冷ました玉ネギ、ケチャップを入れてこね、最後にパン粉を入れてこね、冷蔵庫で30分以上寝かせます。

❺フライパンを弱火にかけ、油大さじ1（分量外）をひきます。④の寝かせたパテを4等分し、それぞれ空気を抜いてラグビーボールの形にまとめます。

❻パテを平らにし、真ん中をへこませてフライパンに押しつけながら並べます。ふたをして弱火のまま約5分じっくり焼きます。表面が白くなったら裏返し、ふたはせず端と中央が同じかたさになるまで約2分焼きます。

❼⑥に、ケチャップと中濃ソースを入れて強火にし、混ぜてハンバーグ全体にからめます。火を止め、付け合わせのゆで野菜などと一緒に盛りつけます。

ポイント

◎材料、調味料は順番を守り1種類ずつ
◎玉ネギは炒める
◎焼き加減は指で押して中央のかたさをみる

作り方の動画は北海道新聞デジタルで

青ちゃん流　ハンバーグ

材料（4人分）

【パテ】

合いびき肉	500g
卵（L玉）	1個
玉ネギ	1／2個
バター	10g
塩	小さじ1
ケチャップ	大さじ2
パン粉	大さじ6

【ソース】

ケチャップ	大さじ4
中濃ソース	大さじ4

ローストビーフ

保存袋で楽々「真空調理」

肉をジッパー付きの保存袋に入れて低温加熱する「真空調理」で作ります。まずは肉選びから。おすすめは赤身の強い牛モモ肉のブロック。冷やしても脂が固まることが少ないです。

肉全体に塩、コショウをふりかけます。油をひいたフライパンで、肉の表面に軽く焼き目をつけるように強火で焼きます。表面に赤い部分がなくなったら、火を止めましょう。熱々の肉を、すぐに保存袋に入れると破れてしまう恐れがあるので、キッチンペーパーで油を拭き取ります。

保温性の高い鍋に5分の4のお湯を沸かし、火を止めます。タンパク質は75度以上で固まる性質があり、沸騰した100度近いお湯の中に袋を入れると、肉が白くなってしまいます。残り5分の1の水を入れて75～80度程度に下げ、袋は開けたまま、鍋に入れます。水温がどんどん下がっていくので、最初は少し高めでも大丈夫。水圧で袋の空気が抜けたら、袋の口をしっかり閉じ、鍋のふたを閉めます。

30分以上経ったら、お湯から取り出し、キッチンペーパーで余分な水分を拭いて完成です。切り分ける際は、肉の繊維を断ちきるように切りましょう。

ローストビーフ

作り方

❶ブロック肉全体に軽く塩、コショウする。フライパンに油大さじ1をひき、表面に焼き目がつく程度に焼きます。キッチンペーパーで油を拭き取り、ジッパー付き保存袋に入れます。

❷大きめの鍋に4／5のお湯を沸かし、火を止め、鍋に残り1／5の水（例えば2ℓの湯を沸かした場合、継ぎ足す水は500cc）を入れ、肉の入った袋は開けたまま、鍋に入れます。水圧で空気が抜けたらジッパーをしっかり閉じ、鍋のふたを閉めます。

❸30分以上経ったら、お湯から取り出し、キッチンペーパーで余分な水気を拭きます。温めて食べたい場合は、薄く油をひいたフライパンで水気を飛ばすように軽く焼きます。お好みの厚さに切り分けます。

❹ドレッシングを作ります。玉ネギとニンニクはすり下ろし、しょうゆと酢を合わせて火にかけます。沸騰したら火を止めて油を加えます。

ポイント

◎耐熱のジッパー付き保存袋を使う
◎肉の湯せんは温度が大事。必ず鍋の火を消す
◎肉の繊維を断ちきるように切り分ける

作り方の動画は北海道新聞デジタルで

青ちゃん流　ローストビーフ

材料（4人分）

牛モモ肉のブロック……300～400g
塩、コショウ……各適量
油……大さじ1

【ドレッシング】
玉ネギ……1／3個
ニンニク……1片
しょうゆ、酢、油……各大さじ2

ビーフシチューのバレンタイン仕立て

ほのかにチョコの香り

まずは牛肉の下ゆでです。箸で切れる仕上がりを狙うなら、スジ、スネ、ウデなどコラーゲンの多い部位を使います。大きめに切って鍋に入れ、水を注いで火にかけます。アクが浮いたらざるにあげ、肉を水洗い。再び水から煮てアクを取り、ふたをしてやわらかくなるまで弱火で約1時間煮ます。

圧力鍋の場合は、①加熱時間は圧力弁が上がってから計る ②火を止めたら圧力弁が自然に下がるまで待つ――を守ってください。2度目のアク取りまでは普通の鍋と同じです。ふたをして圧力弁が上がったら火を弱め、15分加熱して火を止めます。

ソースは、野菜は周りが透き通るまでじっくり炒め、味のしみ込みを良くします。とろみづけは普通、小麦粉をバターで炒めて伸ばしますが、私は玉ネギに小麦粉をまぶして入れ、炒めながら赤ワインなどの液体を少しずつ加えます。簡単でダマ知らずです。ホワイトソースも同じ要領で作れます。

下ゆでした肉をソースに加えて少し煮たら、一度冷ましましょう。味は冷めるときにしみ込みます。食べる前に温め、隠し味にチョコを2片加えてバレンタイン仕立てに。優しく深い味わいのスペシャルシチューです。

ビーフシチューのバレンタイン仕立て

作り方

❶牛肉は大きめに切り、やわらかくなるまで煮ます。煮汁は３００cc取っておきます。

❷フライパンにバターをとかし、一口大に切ったジャガイモ、ニンジン、薄切りニンニクを弱火で炒めます。ビニール袋に一口大に切った玉ネギ、マッシュルーム、小麦粉を入れて振ります。ジャガイモの周りが透き通ったら、ビニール袋の中身を全部加え、粉が油を吸うまで炒めます。

❸②に、赤ワイン、無塩トマトジュース、①の牛肉の煮汁３００ccを順番にそれぞれ２〜３回に分けて加え、その都度よく混ぜます。

❹塩、ケチャップ、中濃ソース、しょうゆで調味し、肉を加えて弱火で約10分煮込みます。一度冷まして温め、チョコレートを加えて混ぜ、ゆでたインゲンを散らして器に盛り、仕上げに生クリームをかけます。

ポイント

◎肉は下ゆでし、やわらかく
◎野菜に小麦粉をまぶしてダマ知らず
◎一度冷ますとさらにおいしく

作り方の動画は北海道新聞デジタルで

青ちゃん　ビーフシチュー

材料（２人分）

牛かたまり肉（煮込み用）……４００g
ジャガイモ……１個
ニンジン……１／２本
ニンニク……１／２片
バター……25g
玉ネギ……１個
ブラウンマッシュルーム……４個
小麦粉……25g
赤ワイン、無塩トマトジュース……各１００cc
牛肉の煮汁……３００cc
塩……小さじ１
ケチャップ、中濃ソース、しょうゆ……各大さじ２
チョコレート……２片
インゲン（ゆで）……４本
生クリーム……適量

エゾシカのステーキ

厚めの肉を、弱火と余熱でじっくり

ごちそうの王様・ステーキを、エゾシカで作ってみましょう。

肉をやわらかく仕上げるには、ゆっくり火を通すこと。そのため厚めの赤身を使います。「脂が多かったり、厚みが足りなかったりすると、温度が早く上がってかたくなるので1・5～2㎝の厚さがあるといいでしょう。

常温に戻した肉に塩、コショウを振って片面を強火で1分焼き、側面を焼きつけたら、火をごく弱めて裏面をじっくり焼きます。肉の縁と中央の弾力が同じになり、赤い肉汁が肉の表面全体に浮いたらOK。火から外し、温めた皿に2分おいて、余熱で仕上げるのがポイントです。

肉を休ませている間に、同じフライパンでガーリックライスを作ります。炒めるときに塩水を入れるとごはんがほぐれやすいですよ。うま味たっぷりの焦げもよくとけて、ごはんによくなじみます。

最後に肉の両面を強火でさっと焼き直し、表面の水分を飛ばしましょう。肉の繊維を断つようにスライスすると、中はロゼ色。ジューシーなミディアムレアに焼き上がります。

エゾシカのステーキ

作り方

❶フライパンにニンニク、油を入れます。ごく弱火で揚げてガーリックチップを作り取り出します。このときできたガーリックオイル大さじ1を取り分け、残りは粗熱をとってしょうゆを加え、ガーリックしょうゆを作っておきます。

❷フライパンに①で取り分けたガーリックオイル大さじ1を引きます。塩、コショウした常温の肉を強火で1分焼き、側面を焼いたら、裏面をごく弱火で約4分焼きます。肉の表面に肉汁が浮いたら取り出し、温めた皿に2分おきます。

❸②と同じフライパンで長ネギを炒め、ごはんを入れて塩水を振ってほぐし、ガーリックしょうゆ小さじ2で味付けします。温めた皿に盛ってパセリを振り、付け合わせを添えます。

❹フライパンに肉を戻し、強火で両面を軽く焼き、ガーリックしょうゆ小さじ2をからめます。肉の繊維を断つように切って③の皿にのせ、①で作ったガーリックチップスを散らします。

ポイント

◎肉は常温に戻しておく
◎表面は強火、裏面は弱火でじっくり
◎余熱を利用する

作り方の動画は北海道新聞デジタルで

青ちゃん　エゾシカのステーキ

材料（2人分）

エゾシカのモモ厚切り肉……2枚（各100g）
塩、コショウ、ガーリックオイル……各大さじ1
ガーリックしょうゆ……小さじ2
ガーリックオイル
（*ニンニク薄切り…2片
油……50cc）
ガーリックしょうゆ
（ガーリックオイル、しょうゆ……各35cc）
ガーリックチップス
（*のニンニクを揚げたもの）

【ガーリックライス】
温かいごはん……2膳分
長ネギのみじん切り……1／2本
塩水
（塩……小さじ1／2
水……大さじ1）
ガーリックしょうゆ…小さじ2
乾燥パセリ……適量
付け合わせ……適宜

クリームシチュー

塩だけで素材のうま味生かす

まず初めに分量をしっかり守って作りましょう。要となるホワイトソースの作り方が今回のポイントです。

ジャガイモとニンジンはバター40gで蒸し焼きに。その間、玉ネギと鶏肉を切り、小麦粉40gと一緒に保存袋などに入れ、全体にまぶします。そうすると鶏肉が縮みづらくなることに加え、ソースにしたときにダマになりません。

ジャガイモ、ニンジンがやわらかくなったら袋の中身を小麦粉ごと入れ、粉っぽさがなくなるまで炒めます。牛乳６００ccを少しずつ入れていきますが、弱火だととろみがつきにくいので強めの中火にします。牛乳を全て入れ、しっかりと沸かしたら弱火にして5分ほど煮ます。

クリームシチューは牛乳、小麦粉、バターが15対1対1の割合。牛乳を10にするとグラタンになり、割合によっていろいろな料理に応用できます。

味付けは塩だけです。素材のうま味が出ているので、余計な調味料はいりません。塩は牛乳の１％の分量を入れます。今回は約６gです。仕上げにゆでたブロッコリーを入れて完成です。

クリームシチュー

作り方

❶ジャガイモを皮付きのまま1個を8等分、ニンジンを乱切りにして鍋に入れ、バター40gで強火で炒めます。

❷バターがとけ全体になじんだら弱火にして、鍋ぶたをして蒸し焼きにします。

❸玉ネギは大きさが均一になるようくし形に切って、ビニール袋に入れ、鶏モモ肉は12等分し、玉ネギと同じ袋に入れます。

❹③の袋に小麦粉40gを入れ全体にしっかりまぶします。

❺ジャガイモとニンジンがやわらかくなったら、②に④を粉ごと全て入れ、強めの中火で粉っぽさがなくなるまで炒めます。

❻⑤に牛乳を少しずつ加え、全て入れたらしっかり沸かして弱火で焦げないように混ぜながら5分煮ます。

❼牛乳に対して1％の塩（今回は約6g）を加え、ゆでたブロッコリーを入れて仕上げにお好みで生クリームを入れます。

作り方の動画は北海道新聞デジタルで

青ちゃん流　クリームシチュー

ポイント

◎鶏肉、玉ネギは小麦粉をまぶして炒める
◎牛乳、小麦粉、バターの割合は15対1対1
◎とろみをつけるため強めの中火で炒める

材料（4人分）

鶏もも肉……1枚（300g）
玉ネギ……1個
ニンジン……1本
ジャガイモ……2個
ブロッコリー……1／2株
バター……40g
小麦粉……40g
牛乳……600cc
塩……小さじ1・5
生クリーム（お好みで）……30cc

サクラマスのムニエル

皮をカリッと香ばしく

ムニエルを香り良く仕上げるには、皮をしっかり焼きましょう。

切り口が斜めの切り身は皮を焼くのが難しいので、半身で買いましょう。背側の身の中ほどにある中骨を抜き、生臭さのもとになるうろこを包丁でこそげてから、皮目に垂直に切ります。焼くときに皮が反らないよう、1切れにつき2本ほど包丁目を入れて。ハラスは加熱すると反ってうまく焼けず、生臭さの原因になるので、切り落として別に焼いてください。

いきなり熱いフライパンに入れずに、冷たいところへ入れて弱火でじっくり焼くと、カリッと仕上がります。身の厚さの7割まで色が変わったら、返しどきです。フライ返しと菜箸で丁寧に返しましょう。

ほんのりしょうゆ味のバターソースで食べるマスの身はもちろん、カリッカリの皮がごちそうです。同じフライパンで焼いた冬野菜のカブや、ジャガイモとチーズのガレット（薄焼き）もいい香りです。

サクラマスのムニエル

作り方

❶サクラマスはハラスを切り落として中骨を抜き、うろこを取って四つに切ります。ジャガイモは皮をむいてマッチ棒大の千切りにし、水にさらし、カブは皮をむいて六つ割りにします。

❷サクラマスに塩、コショウをし、小麦粉をまぶして余分な粉を払います。フライパンにバター20gを塗り、サクラマスの皮を下にして並べ、カブを入れて弱火にかけます。ジャガイモのガレットは、ビニール袋でジャガイモ、チーズ、小麦粉を混ぜ、2等分して軽く握り、フライパンの空いたところに入れて、スプーンの背で平たく伸ばします。

❸弱火のまま7～8分間焼き、サクラマスに7割まで火が通ったら、返して2分間焼きます。ジャガイモのガレットとカブも返し、ガレットはスプーンの背で鍋底に押しつけながら焼きます。

❹バター10g、しょうゆを加え、全体になじませて火を止め、皿に盛り、フライパンに残ったバターソースをかけます。

ポイント

◎サクラマスの皮に対して垂直に切る
◎フライパンは冷たい状態から焼く
◎ずっと弱火

作り方の動画は北海道新聞デジタルで

青ちゃん　ムニエル

材料（2人分）

サクラマス（本マス）
……半身1／2枚
塩、コショウ、小麦粉
……各適量
バター……30g
しょうゆ……小さじ1
カブ……1個
【ジャガイモのガレット】
ジャガイモ（メークイン）…1個
とけるタイプのチーズ、
小麦粉……各大さじ2

イカリングフライ

「切れ目」と「湯通し」を忘れずに

スルメイカでイカリングフライを作りましょう。

まず、イカを胴と足に分け、骨を抜きます（動画参照）。身がゴムみたいな食感になる……という悩みは「切れ目」と「湯通し」で解決しますよ。胴を輪切りにしたら、表と裏に数カ所、包丁で軽く切れ目を入れ、熱で身が縮むのを抑えます。身と皮の間の水分も抜けやすくなるので、パチパチ油跳ねするのを防げます。さらに約50度のお湯で湯通しすると、火がゆっくり通るのでやわらかな食感が保てます。

衣は小麦粉をしっかり払ってから、牛乳を混ぜた卵、パン粉の順でつけるとムラになりません。パン粉は乾燥させたフランスパンをおろし器ですりおろすと油吸いが少なくカラッと仕上がります。衣が固まる程度に揚げれば完成です。プリッとした身はほどよくかみ切れ、下処理の手間も吹き飛びます。

リングと言えば玉ネギの「オニオンリング」も。フリッターにして一緒に添えれば、食感の異なる二つの「リング」でお皿がにぎわいます。

イカゴロが新鮮なときは、ぜひソースにアレンジしていただきましょう。

イカリングフライ（手前）

作り方

❶イカを胴と足に分け、骨を取ります。胴は幅1・5㎝の輪切りにし、表と裏3、4カ所に軽く切れ目を入れます。鍋に水500cc（分量外）を入れて沸いたら火を止め、同量の水を加えて約50度にします。イカを湯通しして、水気をキッチンペーパーでしっかり切ります。

❷イカに軽く塩、コショウをし、小麦粉、牛乳で割った卵、パン粉の順につけます。160度の揚げ油にイカを入れ、少し火を強めて温度を維持し、衣がはがれないよう触らずに約1分待ちます。衣が固まったら引き上げます。

❸オニオンリングを作ります。玉ネギは幅1・5㎝の輪切りにし、適度にばらします。ボウルに片栗粉、小麦粉、昆布茶を入れ、ビールを数回に分けて加えて混ぜたら、水も数回に分け加えてよく練ります。玉ネギに小麦粉（分量外）をまぶしてよく払い、衣にくぐらせます。160度の揚げ油で約2分、ほんのりきつね色になるまで揚げます。

❹イカゴロのソースを作ります（写真左）。取り出したイカの墨袋の薄皮を裂いてゴロを出し、フライパンに入れます。酒、みりん、みそを加えて混ぜ、火をつけてアルコール分が飛んだら火を消し粗熱をとります。マヨネーズに少しずつ加えて出来上がりです。

ポイント

◎イカの皮と裏に切り込みを入れる
◎約50度のお湯で湯通し
◎パン粉は細かいものを使う

作り方の動画は北海道新聞デジタルで

青ちゃん　イカリング

材料（スルメイカ1杯分）

スルメイカ……1杯
小麦粉……適量
牛乳割り卵
（卵……1個
牛乳……大さじ2）
パン粉……適量
塩、コショウ、揚げ油……適量

【オニオンリング】

玉ネギ……1個
衣
（片栗粉……50g
小麦粉……150g
昆布茶……大さじ1
ビール……150cc
水……100cc）

【イカゴロのソース】

イカゴロ……1杯分
酒、みりん、みそ
……各大さじ2
マヨネーズ……大さじ4

ロールキャベツ

丸ごとゆでると、葉が破れず巻きやすい

ロールキャベツを上手に巻くコツは、キャベツを丸ごとゆでること。キャベツ1個をゆでられる大きさの鍋を使いましょう。芯をくりぬき、その部分を上にしてゆでます。しばらくするとキャベツの葉がはがれてくるので、1枚ずつ取って冷水につけます。丸ごとゆでると、葉を破かずにはがすことができ、巻きやすくなります

巻き方は、葉の内側を表にして、葉の芯のあたりにあんを適量のせ、下からひと巻きし、左右どちらかを折りたたんだら、奥まで巻きます。余った方の葉を指でギュッと押し込んだら、巻き上がりです。

このレシピはキャベツ丸ごと1個で作りやすい分量にしており、ロールキャベツが16個ほど作れます。多すぎる場合は、巻き上がった状態のものを冷凍保存しましょう。

スープは、このまま塩味で煮ても十分味が出ますが、今回はトマトスープにしました。ロールキャベツ同士が重ならないように並べて煮ましょう。

ロールキャベツ

作り方

❶沸騰したお湯に芯をくりぬいたキャベツ1個を、芯を上にして入れます。はがれてきた葉をボウルに入れた冷水につけます。

❷葉は水気を切って、外側の厚い部分をそぎます。そいだ部分は刻み、玉ネギ、ニンジンはみじん切りにします。

❸鶏ひき肉に塩を入れて混ぜます。次に卵を入れ、ひとかたまりになるまで混ぜたら、②の野菜を加えて混ぜます。

❹キャベツの葉に③のあんを適量のせて巻きます。

❺広めの鍋か、少し深めのフライパンにロールキャベツを並べ、トマトジュースと水、塩を加えて火にかけ、沸騰したら弱火にしてフタをし、20分煮ます。

ポイント

◎キャベツを丸ごとゆでる
◎巻く前に葉の芯をそぐ
◎つまようじいらずの巻き方で煮崩れ防止

作り方の動画は北海道新聞デジタルで

青ちゃん流　定番　ロールキャベツ

材料(16個分)

キャベツ……1個

【あん】

鶏ひき肉……500g
塩……小さじ1
卵……1個
玉ネギ……60g
ニンジン……30g

【スープ】

トマトジュース(無塩)、水……各800cc
塩……小さじ4

ポテト包みクリームコロッケ

1分半触らずに揚げる

ジャガイモをゆでるポイントは、①事前に水にさらさない ②塩を入れずに水からゆでること。しっかり粉をふいてホクホク感が出ます。つぶしたジャガイモと具材は小麦粉を加えて混ぜるとまとめやすくなります。

クリームの黄金比率は牛乳、小麦粉、バターが5対1対1。今回のトマトクリームは牛乳100ccのところを牛乳50cc、トマトジュース50ccと1／2ずつにしました。小麦粉をまぶした具材にはバターをしっかり吸わせます。牛乳とトマトジュースは2回に分けて加え、その都度よく混ぜます。ダマになりにくく、なめらかな舌触りになります。粗熱をとるだけでほど良いかたさになるため、冷蔵庫で冷ます必要はありません。

クリームを包む方法は、両手のひらに小麦粉をつけ、クリームを持ちます。手に小麦粉を足しながら俵型に丸めます。次にジャガイモのタネを手のひらほどの大きさに広げ、中央に丸めたクリームをのせ、クリームを中にしまうように包み込みます。衣づけのポイントは、とき卵にからめるときに大きめのフォークを使うこと。フォークで転がしてすくい上げたら隙間から余分な卵が落ち、手も汚れません。

ポテト包みクリームコロッケ

作り方

❶フライパンに肉を入れて炒め、色が変わったら玉ネギのみじん切りを加えてさらに炒めます。Aを入れて汁がなくなるまで煮詰めます。
❷ジャガイモは薄切りにし、鍋でゆでます。やわらかくなったら水気を飛ばし、火を止めてつぶします。①と混ぜ、小麦粉30ｇを加えてさらに混ぜ、粗熱をとります。
❸エビは背わたを取って1㎝幅に切り、ビニール袋にエビ、スライスした玉ネギ、小麦粉20ｇを入れてまぶします。
❹フライパンにバターをとかし、③を入れて炒め、Bをそれぞれ2回に分けて加え混ぜます。塩を入れ、粗熱をとります。
❺②と④を8等分します。④のクリームを②で作ったジャガイモのタネで包み、小麦粉、とき卵、パン粉の順に衣をつけます。
❻⑤を180度の油に入れ1分半は触らずに揚げ、ひっくり返して、さらに30秒揚げます。

ポイント

◎牛乳、小麦粉、バターの比は5対1対1
◎とき卵つけは大きめのフォークですくう
◎揚げ油に入れたらすぐに触らない

作り方の動画は北海道新聞デジタルで

青ちゃん流　ポテト包みクリームコロッケ

材料（8個分）

【ジャガイモのタネ】
ジャガイモ……中4個
合いびき肉……100ｇ
玉ネギみじん切り……50ｇ
A［酒、みりん、しょうゆ……各大さじ1
小麦粉……30ｇ

【クリーム】
エビ……4匹
玉ネギ（スライス）……50ｇ
小麦粉……20ｇ
バター……20ｇ
B［牛乳、トマトジュース……各50cc
塩……ひとつまみ
小麦粉、パン粉……適量
とき卵
（卵1個、牛乳大さじ2）
揚げ油……適量

スペイン風オムレツ

卵を大きく混ぜてふっくらと

まずは下準備です。具材が大きすぎると、焼くときに固まりにくくなるため、野菜は1㎝か、それより小さめの角切りに、ソーセージは輪切りにしましょう。

焼くときは小さめのフライパン（直径20㎝）を使うと作りやすいです。野菜の色やシャキシャキ感を残すためにも、一度に全部を炒めるのではなく、火の通りにくいものから順に入れて、炒めましょう。

具材に火が入ったら、卵をフライパンに流し入れます。強火にして、大きくよく混ぜましょう。半熟になってきたら、外側の具材を内側に寄せるようにして形を整えるのがポイントです。崩れにくくなります。

ふたをして弱火で3分焼きます。オムレツをひっくり返す際は、フライパンより一回り大きい皿を使いましょう。フライパンにかぶせてひっくり返し、オムレツを皿に移してから、またフライパンに戻すとうまくいきます。大きいオムレツですが、冷凍保存ができるので作り置きにも便利です。

スペイン風オムレツ

作り方

❶具材を切ります。ジャガイモ、ニンジン、玉ネギ、ピーマンは1㎝か、それより小さめの角切り、ソーセージは輪切りにします。卵はボウルに割り入れ、牛乳と塩を加えて軽く混ぜておきます。

❷フライパンにオリーブオイルをひき、ジャガイモ、ニンジン、ソーセージを中火で炒めます。ジャガイモに火が通ったら、次に玉ネギを入れて炒めます。玉ネギが全体的に透き通ってきたら、ピーマンを入れて炒めます。

❸②に卵を全て流し入れ、よく混ぜながら強火で焼きます。半熟になってきたら、ふたをして弱火で3分焼きます。

❹フライパンより一回り大きい皿をかぶせ、ひっくり返すと、きれいな焼き色がついた面（A）が上になります。下の面（B）はまだ焼けていないので、皿を傾け、Bの面を下に、素早くフライパンに戻し、10秒ほど焼きます。

❺再び皿をかぶせて、皿にひっくり返します。この動作をもう一回繰り返してA面が上に戻ったら出来上がりです。

ポイント

◎火が通りにくい食材から順に炒める
◎卵を流し入れたら大きく混ぜる
◎皿を使ってひっくり返し両面を焼く

作り方の動画は北海道新聞デジタルで

青ちゃん流　スペイン風オムレツ

材料（直径20㎝のフライパン分）

- 卵……5個
- 牛乳……大さじ5
- 塩……小さじ1／2
- ソーセージ……3本
- ジャガイモ……1個
- ニンジン……1／3本
- 玉ネギ……1／2個
- ピーマン……1個
- オリーブオイル……大さじ3

グラタン

表面に焦げ目をつけ食感楽しんで

まずは下準備です。グラタンの中に入れるマカロニは、事前に1時間ほど水につけておきましょう。

保存袋に切った具材と小麦粉を入れ、全体的にまぶします。これにより、ホワイトソースが簡単に作れるだけでなく、鶏肉が縮むのも防げます。

バターをとかしたフライパンに、具材を入れて中火で炒めます。小麦粉の粉っぽさがなくなってきたら、牛乳を数回に分けて入れます。とろみが出てくるので、ダマにならないよう、しっかりと混ぜましょう。水気がなくなってきたら、牛乳を加え、塩で味をととのえます。

次にマカロニの水を切って中に入れ、透明になるまで炒めます。水につけたマカロニが透明になるまで熱を加えると、ゆであがったときと同じ状態になります。この方法だと数分なので、時短にもなります。

ホワイトソースは分量が大事です。きちんと量りましょう。今回のグラタンは牛乳10に対し、小麦粉とバターの割合は1、塩は牛乳の1％の量です。牛乳の割合を変えることで、パスタやシチューなど、いろいろアレンジして楽しめます。

グラタン

作り方

❶マカロニは1時間ほど水につけておきます。
❷鶏肉は一口大に切り、玉ネギは薄切り、ブナシメジは石づきを取ってばらします。保存袋などに切った具材、小麦粉を入れ、全体にまぶします。
❸フライパンにバターを入れ、とけたら②を全部入れ、粉っぽさがなくなるまで中火で炒めます。
❹牛乳を3、4回に分けて入れ、ダマにならないようしっかり混ぜ、牛乳が全て入ったら、塩で味をととのえます。
❺マカロニの水を切って、④の中に入れて炒め、マカロニが透明になったら、とけるタイプのチーズを入れ混ぜ、火を止めます。
❻耐熱容器に⑤を入れ、粉チーズをお好みでかけて、オーブントースターや魚グリルなどで焦げ目がつくまで焼きます。

ポイント

◎マカロニは1時間ほど水につける
◎分量をきちんと量る
◎具材は保存袋に入れて小麦粉をまぶす

作り方の動画は北海道新聞デジタルで

青ちゃん流　グラタン

材料（4人分）

鶏胸肉……200g
玉ネギ……1個
ブナシメジ……1パック
小麦粉……40g
バター……40g
牛乳……400ml
塩……4g
乾燥マカロニ……100g
とけるタイプのチーズ…50g
粉チーズ……お好みで

ポテトサラダ

でんぷんが多い「男爵」がおすすめ

まずはジャガイモのゆで方から。口当たりをふわっとさせるために、粉ふきイモを作ります。男爵イモはでんぷんを多く含んでいるのが特徴で、ほかの品種に比べ、粉ふきイモを作りやすいです。

ポイントは塩を入れずに、水からゆでること。食感を残すため、ジャガイモを半月切りにするときに厚さをバラバラにすると良いです。

ジャガイモは温かいうちに塩、コショウ、酢で下味をつけることが大事です。食材は冷めるときに味が入ります。ここでしっかりと下味をつけると、後でマヨネーズを入れたときに、味に一体感が出ます。また、下味をしっかりつけることでマヨネーズの量を抑え、素材の味も楽しめます。

野菜の下ごしらえは、多めの塩でコシがなくなるまでもみましょう。その後、流水で洗うときもしっかりもんで塩気を出します。最後にさらしに包みよくしぼりましょう。水気が残っていると傷みが早まります。

ジャガイモが冷めたら、マヨネーズと野菜を入れて完成です。

ポテトサラダ

作り方

❶ジャガイモの皮をむき、半月切りにして鍋に入れ、水から強火でゆでます。
❷ジャガイモに火が通ったら、鍋を火から外し、深さ5㎜ほどお湯を残して、もう一度強火にかけます。
❸②の水分が飛び、粉をふいたら火を止めます。好みの大きさに崩し、温かいうちに塩、コショウ、酢で下味をつけ冷まします。
❹玉ネギ、キュウリを薄切りし塩大さじ1（分量外）を加え、コシがなくなるまでよくもみます。
❺④を流水でよくもみ洗いし塩気を抜いたら、さらしに包んでしっかりとしぼります。
❻③が冷めたら、マヨネーズと⑤を入れよく混ぜます。

ポイント

◎水分をしっかり飛ばして粉ふきイモにする
◎ジャガイモは温かいうちに下味をつける
◎野菜はしっかりと水をしぼる

作り方の動画は北海道新聞デジタルで

青ちゃん流　ポテトサラダ

材料（2人分）

ジャガイモ（男爵）……… 4個
玉ネギ……………… 1／2個
キュウリ…………… 1／2本
（そのほかの具材はお好みで）
塩…………………… 小さじ1／2
コショウ…………………… 適量
酢…………………………… 小さじ2
マヨネーズ……………… 大さじ2

コールスローサラダ

漬物に近いしんなり感を出して

コールスローサラダを作るポイントは、塩を使った水分調整。切った野菜を塩でもんだ後、流水にさらして塩を抜き、さらしで包んでしぼり水気を切ります。

まずは塩もみ。水を入れたボウルにざるを重ね、切った野菜を入れて、さっと水を含ませます。ざるを上げて野菜を新しいボウルに移し、塩を加えて手でしっかりもみます。火を使わない料理のため、衛生上、調理用の手袋を使うと良いでしょう。初めは優しい手つきでふわふわと。徐々に力を加えていきます。野菜を握ると指の間から水分がぽたぽた落ちるようになります。

次に塩抜きです。ざるに入れた状態で流水にさらし、さらに手でもみます。塩加減は、漬物よりもやや薄めがベストです。

野菜をしぼるには、ガーゼやキッチンペーパーよりもさらしのほうが丈夫。水分をしっかりしぼるために、ぜひ用意してください。水分がしたたり落ちなくなればＯＫです。

生野菜の歯ごたえとは異なる、やや漬物に近いしんなり感を出します。水分を抜けば、仕上げの調味料がなじみやすくもなります。

仕上げの味付けは、キャベツの甘みを生かすため最小限に。

コールスローサラダ

作り方

❶野菜をそれぞれ1㎝角の薄切りにします。キャベツは芯を取った後、1㎝幅でカットし、さらに直角方向に角切り。ニンジンは細長いスティック状に切った後、角切りにします。

❷水を入れたボウルにざるを重ね、切った野菜を入れて軽く水を含ませます。ざるを上げて、野菜を新しいボウルに移し、塩大さじ1を振り、しんなりするまでよくもみ込みます。

❸野菜をざるに移し、流水にさらして塩抜きします。手でしっかりもみます。

❹野菜をさらしで包み、しぼって水気を切ります。ボウルに移してマヨネーズ、牛乳、コショウとあえ、塩で味をととのえます。

ポイント

◎塩もみで調味料をなじみやすく
◎塩分を抜いた後はさらしでしぼる
◎漬物くらいのしんなりさが目安

作り方の動画は北海道新聞デジタルで

青ちゃん流　コールスロー

材料（4人分）

キャベツ
……1／4玉（約500g）
ニンジン……1／3本
塩……適量
マヨネーズ……大さじ5
牛乳……大さじ2
コショウ……少々

魚介のマリネ

塩を振って臭みや水気抜く

マリネの定番野菜、玉ネギとニンジン、ピーマンを使いました。野菜を切ったら(詳しい切り方は動画参照)、水にさらさず、そのまま使うのがポイントです。野菜が水を含むと、後で加える酢や油を吸い込みにくくなり、味のしみ込みが悪くなってしまいます。

切った野菜をビニール袋に入れ、塩を加えます。塩の量は野菜の重量の1%が目安。野菜の重さは300gぐらいなので、小さじ3分の2(3g)を入れました。水分が出て、しんなりするまで軽くもみましょう。その後、酢と油を加え、さらにもみます。酢と油の分量は1対1です。純米酢とリンゴ酢の2種類の酢を同じ割合で使いました。むせるのが苦手という方は酸味のすっきりしたリンゴ酢を使ってみてください。

魚介類はホタテ、タコ、甘エビを選びましたが、サンマやイワシ、ニシン、イカ、ほかに生ハムなどもマリネの具材に合います。魚介類には臭みや水気を抜くため、塩を振りましょう。味のしみ込みが早くなります。5分ほどおいたら、キッチンペーパーで水気を拭き、野菜の入ったビニール袋に加えて、袋の中で軽くもみ込んだら完成です。

魚介のマリネ

材料（2人分）

玉ネギ	1個
ニンジン	1／3本
ピーマン	1個
塩	小さじ2／3
ホタテ	4個
ゆでタコ	50g
甘エビ（刺し身用）	10本
酢（純米酢、リンゴ酢）	各大さじ1
油	大さじ2

作り方

❶玉ネギ、ニンジンは千切り、ピーマンは輪切りにしてビニール袋に入れ、塩を加えて軽くもみます。
❷野菜がしんなりしてきたら、酢と油を入れて、軽くもみます。
❸タコ以外のホタテと甘エビに塩（分量外）を振る。水分が出てきたら、キッチンペーパーで拭き取ります。
❹②に③を入れて、もみ込みます。

ポイント

◎野菜は水にさらさない
◎タコ以外の魚介類に塩を振り、水分を抜く
◎ビニール袋を使って混ぜる

作り方の動画は北海道新聞デジタルで

青ちゃん流　マリネ

オムライス

オーブンシートでふんわり簡単に

まずは中身のチキンライスを作りましょう。

大事なのは、塩をしっかり効かせること。ケチャップは意外と塩分が低く、ケチャップだけで味付けすると大量に使うことになり、べちゃっとしてしまいます。生米を炒めてから炊くと、油の膜が米粒を包み、お互いにくっつきません。炊きあがりは芯に歯ごたえが残るアルデンテの食感ですが、やわらかめが好きな人は、上限50ccまで水を足してみてください。小分けにして冷凍もできます。

次に、オムレツ部分を作りましょう。

生クリームを入れるのは水分と乳脂肪が卵をふっくらとさせるから。牛乳でも代用できます。

オーブンシートは、フライパンからはみだした部分が焦げないよう、長さや火加減に気をつけてください。メーカーによっては卵がはがれにくいものがありますが、つまみ上げたときに側面を指で弾くとはがれやすくなります。

オムライス

作り方

❶チキンライスを作ります。フライパンにバター、玉ネギ、鶏肉を入れ強火にかけます。バターがとけたら中火にし、鶏肉の色が白っぽくなり玉ネギが透き通るまで炒めます。
❷米2合を加え、透き通るまで炒めます。水、塩、ケチャップを加えて混ぜ、沸騰したらふたをして弱火で10分炊きます。その後火を止めて10分蒸らします。
❸ふたを取って強火にかけ、全体を混ぜながら水分を飛ばします。
❹フライパンにオーブンシートを敷き、バターを入れ弱火にかけます。
❺バターが完全にとけたら火を強め、Aを混ぜてといた卵を一気に入れ、ヘラで大きく混ぜます。半熟状になったら弱火にし、中央に円形に形を整えます。
❻チキンライスをオーブンシートの対角線上に縦長になるように卵の上にのせ、もう一方の対角線の頂点2カ所をつまんで引き上げます。
❼皿の上でオムライスを半回転させながらシートを引き抜きます。キッチンペーパーで上から押さえ形を整えます。お好みでケチャップをかけます。

ポイント

◎塩をしっかり効かせる
◎ケチャップは色と風味付けと考える
◎オーブンシートで巻く

作り方の動画は北海道新聞デジタルで

青ちゃん流　オムライス

材料

【チキンライス／4人分】

鶏モモ肉……100g
玉ネギ……1／2個
バター……20g
米……2合（洗わない）
水……500cc
塩……小さじ1
ケチャップ……大さじ2

【オムライス／1人分】

チキンライス……1人分
卵……2個
A［生クリーム……大さじ2
　塩……ひとつまみ
　コショウ……少々
バター……10g

粉から作るカレーライス

素材の味をそのまま生かす手作りルー

カレー粉で簡単に作る方法を紹介します。

まず、フライパンか底の広い鍋を用意しましょう。油をひき、みじん切りにしたニンニクとショウガ、カレー粉を弱火で炒めます。しっかりと油に香りを移すことで香り立つカレーになります。

具材を炒める順番も大事です。一気に入れると煮崩れしやすくなるからです。最初に一口大に切った鶏肉。火が通って白くなってきたら、ジャガイモ、ニンジンの順に入れます。それぞれ表面が透き通るまで炒めましょう。

続いて、小麦粉をまぶした玉ネギを加えて小麦粉の白っぽさがなくなるまで炒め、水600㏄を3回に分けて加えます。特に1回目では、ダマにならないように、しっかりと混ぜることが大事です。弱火だととろみがつきにくいので、火は中火〜強火くらいで炒めましょう。

最後に味付けです。塩で味のベースをつくり、ケチャップで深み、中濃ソースでコク、しょうゆでうま味を加えます。最初から味付けされているインスタントの固形ルーより、粉から作るほうが、野菜や肉といった素材を生かして味わうことができます。

粉から作るカレーライス

作り方

❶鶏肉は指で触って骨が残っていれば取り除き、一口大に切ります。ジャガイモは1個を4等分し、ニンジンは乱切りにします。
❷玉ネギはくし切りにし、保存袋に入れ、小麦粉60gをまぶします。
❸油をひき、みじん切りにしたニンニクとショウガ、カレー粉を弱火でじっくりと炒めます。プチプチとあぶくが出てきたら、鶏肉を入れて炒めます。その後、ジャガイモ、ニンジンの順番に入れ、それぞれ白く透き通るまで炒めます。
❹②の小麦粉をまぶした玉ネギを入れ、小麦粉の白っぽさがなくなるまで炒めます。全体的になじんだら、水を3回に分けて加え、ダマにならないように中火～強火でしっかり混ぜます。
❺煮立ったら弱火にし、ジャガイモがやわらかくなるまでコトコトと煮ます。
❻⑤に塩、ケチャップ、中濃ソース、しょうゆを加えて味付けします。

ポイント

◎ニンニク、ショウガ、カレー粉は弱火でじっくり
◎具材は炒める順番を守る
◎水を加えたら中火～強火でとろみづけ

作り方の動画は北海道新聞デジタルで

青ちゃん流　カレーライス

材料（4人分）

鶏モモ肉……1枚
ジャガイモ……4個
ニンジン……1本
玉ネギ……1個
小麦粉……60g
油……60cc
ニンニク……1片
ショウガ……1片
カレー粉……大さじ2
水……600cc
塩……小さじ1
ケチャップ、中濃ソース、
しょうゆ……各大さじ1

スープカレー

複数のだしで味に深み

スープのベースとなる鶏団子を作ります。鶏ひき肉を塩だけで粘りが出るまでよく練るのがポイント。卵を加えると一度分離するので、固まるようにしっかり練ります。これで歯ごたえが良くて崩れない鶏団子になります。

その後、練った肉を適量手に取り、親指と人さし指の間からしぼり出して、スプーンで形を整えながら鍋に落としていきます。鶏団子が浮いてきたら火が通った合図です。

香味野菜とスパイスは、弱火でじっくり火を入れると油に香りが移って持続します。ジュワジュワと沸いてきたら鶏団子のスープを入れます。最初は少しずつ入れ、ダマにならないようしっかり混ぜたら、鶏団子ごと全てのスープを入れます。

その後、トマトジュース、昆布、だしパックを入れて中火で煮ます。昆布やかつおのだしパックでうま味が複雑に重なり、より味に深みが出ます。

塩としょうゆで味付けしますが、辛みがほしい人は一味唐辛子をお好みで。逆に辛さが苦手な人は、カレー粉少なめで、代わりにカルダモンやクミンを入れれば、辛さは抑えても風味は抜けません。

最後にお好みの野菜を素揚げしてトッピングしましょう。

スープカレー

作り方

❶鶏団子スープを作ります。鶏ひき肉を塩だけでよく練ります。粘りが出てきたら、卵を入れて、かたまりになるようにしっかり練ります。

❷練った肉で団子を作り、スプーンですくって沸騰させたお湯700ccの中に入れて、ゆでます。団子が浮いてきたら火が通った合図。ゆで汁はだしスープとしてそのまま使います。

❸別の鍋に、みじん切りしたショウガ、ニンニク、カレー粉、バジルと油を入れて弱火にかけます。

❹③が沸いてきたら、②の鶏団子とスープを入れます。その後、トマトジュース、昆布、だしパックを入れて中火で煮ます。

❺沸騰したら、塩としょうゆを入れて味付けします。盛りつけは素揚げしたお好みの野菜をトッピングしましょう。

作り方の動画は北海道新聞デジタルで

青ちゃん流　スープカレー

ポイント

◎鶏団子はしっかり練る
◎香味野菜とスパイスは弱火でじっくり
◎具材の野菜は素揚げがおすすめ

材料（4人分）

【鶏団子スープ】
- 鶏ひき肉……500g
- 塩……小さじ1
- 卵……1個
- 水……700cc

【カレースープ】
- ショウガ、ニンニク…各1片
- カレー粉……大さじ2
- バジル（ドライ）……大さじ1
- 油……大さじ2
- トマトジュース（無塩）……300cc
- 昆布……約10cm（5g）
- だしパック……1袋
- 塩……小さじ2
- しょうゆ……大さじ2
- お好みの野菜（ジャガイモ、ニンジン、ナス、カボチャ、ピーマンなど）……各適宜

パエリア

魚介は加熱しすぎずに

パエリアは生米を洗わずに炒め、サフラン入りのスープで炊き上げます。第1のポイントは貝の下処理です。アサリの砂抜きは3％の塩水で行います。水500ccに塩大さじ1。できれば海水塩を使います。ツブはたっぷりの塩でもんでぬめりを洗い、ホッキの身とヒモ、ホタテのヒモはさっと湯通しをしてぬめりを固めて取ります。身の外し方は動画で。殻付きツブを使う場合は、毒のある唾液腺を忘れずに外します。

通常は米と具材を一緒に炊きますが、魚介は加熱しすぎると身が縮むので、下処理したら水からゆでます。このときできるスープで米を炊いた後、魚介をのせて蒸らすのが第2のポイントです。

第3のポイントは米を炊くフライパンをアルミホイルで覆うこと。重いふただとふっくら炊けてしまうのでアルミホイルを使います。パエリアらしくアルデンテ（かため）に仕上げるには、多めの水加減で軽く蒸気を逃がして炊くのです。

弱火で10分炊いたら、まだスープがにじむくらいで火を止め、具材を並べて10分蒸らし、仕上げに強火でお焦げを作って出来上がりです。

パエリア

作り方

❶アサリは砂抜きします（前ページ参照）。ツブは身を外し、唾液腺を取ってからたっぷりの塩（分量外）でもみ、ぬめりを洗い流します。ホタテとホッキは貝から外し、ウロを取ります。ツブとホッキの身、ホッキとホタテのヒモは食べやすく切ります。ホッキの身とヒモ、ホタテのヒモをさっと湯通しをして、固まったぬめりを包丁でこそげます。

❷鍋に水８００cc、貝類、エビ、サフランを入れ、ふたをせずに強火にかけ、沸いたらアクを取り、火を止めます。

❸フライパンにオリーブ油、ニンニクのみじん切りを入れて弱火で炒め、香りが立ったら、生米を入れて中火で炒めます。

❹米に透明感が出たら、②のスープ５００cc、塩小さじ1を入れ、ふたの代わりにアルミホイルでフライパンを覆い、弱火で10分炊いて火を止めます。

❺②の魚介を並べて再びアルミホイルで覆い、10分蒸らします。蒸らし終えてもかたいと感じたら、スープ少々を加えて温め、蒸らし直すと良いです。

❻仕上げに強火で1～2分熱してお焦げを作り、乾燥パセリを振ります。

ポイント

◎貝類の下処理はきちんと
◎スープは別の鍋で具材やわらか
◎ふたはアルミホイルで米をアルデンテに

作り方の動画は北海道新聞デジタルで

青ちゃん　パエリア

材料（2人分）

アサリ	8個
ホタテ	2個
ツブ、ホッキ	各1個
殻付きエビ	4匹
水	800cc
サフラン	1つまみ
米（洗わない）	2合
オリーブ油	大さじ2
ニンニク	1片
塩	小さじ1
乾燥パセリ	適量

スパゲティナポリタン

麺ゆでるお湯には「塩1%」を守って

まず麺をゆでるときに大切なのが、お湯に加える塩です。塩の重量はお湯の量に対して1%と覚え、必ず守ってください。多いと思われそうですが、この量を入れないと味がぼやけ、弾力のない麺になってしまいます。

麺を沸騰したお湯に入れて最初の1分間は菜箸などでしっかり混ぜますが、その後はなるべく触らないようにします。こうすると、麺同士がくっついて団子状になることがありません。

ソースのポイントはトマトジュースを入れること。ケチャップだけよりも味がなめらかになり麺とのからみが良くなります。

ゆであがった麺をざるなどに取るときは、くれぐれもゆで汁を切りすぎないように。ゆで汁はソースを乳化させてなめらかにし、塩味と麺のうま味を引き立ててくれます。おいしく仕上げるために必要な調味料と考え、麺からしたたるゆで汁も一緒にソースに加えましょう。

ナポリタンに使う麺の太さは1・6～1・9㎜がおすすめです。メーカーによって特徴が違うのでなるべく同じメーカーの麺を使うことが上達のコツです。

スパゲティナポリタン

作り方

❶ベーコンは短冊切り、玉ネギは薄切り、ピーマンは縦に割って種を抜き千切りに、マッシュルームは薄切りにします。
❷鍋に2ℓのお湯を沸かし、塩20gを加えます。麺を入れ、表示時間通りにタイマーをかけます。
❸ソースを作ります。フライパンにバターを入れて強火にかけ、①の具材を炒め、玉ネギが透き通ってしんなりしてきたら、ケチャップ、トマトジュースを順に加えて一煮立ちさせます。
❹麺がゆで上がったらざるにあげます。ゆで汁がしたたる程度の状態で③に加え、軽く混ぜます。

ポイント

◎お湯に対して1％の塩を入れてゆでる
◎トマトジュースでソースをなめらかに
◎ゆで汁には調味料の役割も

作り方の動画は北海道新聞デジタルで

青ちゃん流　ナポリタン

材料(2人分)

スパゲティ……200g
ベーコン……4枚
玉ネギ……1／2個
ピーマン……1個
マッシュルーム……2個
水……2ℓ
塩……20g
バター……20g
ケチャップ……大さじ2
トマトジュース(無塩)……大さじ2

タラコスパゲティ

麺のゆで汁が食感の決め手

まず麺のゆで方です。ゆでる際は麺100gに対し水1ℓ。塩は1%（10g）を入れます。沸騰してから塩と麺を入れ、最初の1分は箸などでよく混ぜるのがポイントです。麺と麺がくっつくのを防ぎます。1分混ぜたら、あとは触らず、指定された時間通りにゆでましょう。

麺をゆでている間に先にソースを作ります。バターをボウルに入れ、ゆでている麺のお湯で湯せんして、バターをとかします。タラコの薄皮を包丁で取り除き、しょうゆ、レモン汁とともにボウルに入れて、混ぜ合わせます。少量のタラコを混ぜずに別に取っておき、盛りつけるときの飾りとして使っても良いでしょう。

麺がゆであがったら、ゆで汁を切りすぎないようにすることが大事です。ざるを鍋に入れ、箸など使って麺をすくい上げると、水を切りすぎません。ゆで汁も調味料だと考えましょう。

ソースの入ったボウルに麺を入れ、軽く混ぜたら完成です。混ぜすぎると粘りが出て、麺がくっつきやすくなるので注意しましょう。

タラコスパゲティ

作り方

❶鍋に2ℓのお湯を沸かし、塩20gを加え、麺をゆでます。
❷ボウルにバターを入れ、①の鍋で湯せんしてとかします。
❸タラコの薄皮を取り除き、②にタラコ、しょうゆ、レモン汁を入れて混ぜ合わせます。
❹麺をゆで終わったら③に入れ、軽く混ぜます。お好みでスライスレモンや青シソの葉をそえてどうぞ。

ポイント

◎麺のゆで始めの1分間はよく混ぜる
◎ソースは先に作っておく
◎麺とソースは混ぜすぎない

作り方の動画は北海道新聞デジタルで

青ちゃん流　タラコスパゲティ

材料（2人分）

スパゲティ……200g
水……2ℓ
塩……20g
【ソース】
バター……30g
タラコ……1／2腹
しょうゆ……小さじ1
レモン汁……適量

エゾシカのミートソーススパゲティ

シカ肉は強火でしっかり炒める

北海道ならではの〝ジビエ（野生鳥獣肉）〟エゾシカ肉を使ったミートソースを作りましょう。

油をひいたフライパンにニンニクを入れ、弱火にかけます。ニンニクの香りをしっかり油に移すことが大事です。ニンニクのまわりが少しキツネ色になったら、シカ肉を入れます。赤い部分がなくなるまで強火でしっかり炒めましょう。シカ肉は高タンパクで低脂肪。十分炒めることでアクも出にくくなります。

肉に火が通ったら、玉ネギを入れ、油を吸って透き通るくらいまで炒めます。次にトマトを入れます。十分に野菜に火が通ったら、赤ワインを入れ、1分ほど煮詰めましょう。シカ肉は鉄分が多いので、トマトや赤ワインとの相性が非常に良いです。赤ワインには風味を豊かにする効果もあります。その後、缶のカットトマトを入れて、沸騰したら中火でフツフツ煮ます。

最後は味付けです。味のベースとなる塩を入れ、ケチャップ、中濃ソースで甘みと酸味をプラス。しょうゆでうま味を加えたら、弱火で10分ほど煮込みます。スパゲティはしっかりお湯を切りしましょう。

エゾシカのミートソーススパゲティ

作り方

❶ニンニクと玉ネギをみじん切り、トマトは角切りにします。
❷油をひいたフライパンにニンニクを入れ弱火にかけます。香りが出てきたら、ひき肉を入れ強火でしっかり炒めます。
❸ひき肉に火が通ったら、玉ネギを入れ、透き通るくらいまで炒めます。トマトを加え、野菜に火が通ったら、赤ワインを入れて1分煮詰めます。
❹カットトマトを入れ、沸騰したら中火でフツフツ煮ます。
❺味付けにAを入れ、弱火で10分ほど煮込んでミートソースの完成です。
❻スパゲティをお湯4ℓに対し塩40gを入れてゆでます。最初の1分は菜箸などでよく混ぜます。ゆで終わった後、しっかり湯切りし、麺にソースをかけます。

作り方の動画は北海道新聞デジタルで

青ちゃん流　エゾシカ　ミートソース

ポイント

◎ニンニクの香りを十分に油に移す
◎ひき肉をしっかり炒める
◎麺をゆでる塩加減が大事。混ぜるのはゆで始めの1分間

材料(4人分)

エゾシカひき肉……400g
玉ネギ……1個
トマト……1個
ニンニク……1片
油……大さじ1
赤ワイン……200cc
カットトマト(缶)……1缶
A 塩……小さじ2
　ケチャップ、中濃ソース…各大さじ2
　しょうゆ……大さじ1
スパゲティ……400g
水……4ℓ
塩……40g

カルボナーラ

麺のゆで汁を使ってダマ防ぐ

麺をゆでる前に、具材を切りましょう。

次に卵黄と牛乳、粉チーズをボウルに入れ、軽く混ぜ合わせます。濃厚なソースが好みの人は、牛乳を生クリームに置き換えるといいですよ。

麺をゆでます。麺100gに対し水1ℓを使い、塩加減（塩分濃度）は1％程度なので塩10gを入れます。麺200gなら水2ℓに塩20gとなります。塩は、麺に塩味をつけるほかに、ハリとコシを出します。ゆで始めの1分は麺がくっつかないように箸などでよく混ぜましょう。1分混ぜたら、あとは触らないのがコツです。

麺をゆでている間に、具材を炒めます。そこに麺のゆで汁（1人分なら60cc）を入れるのがポイントです。

ゆで汁を入れるとフライパンの熱が冷めるので、ダマになるのも防げます。塩分も含まれているので、味付けにもなります。

麺がゆであがったら、しっかり湯切りします。フライパンに麺を入れ、先に合わせたソースも入れて、弱火にかけます。大きく混ぜて、ソースにとろみが出てきたら、お皿に盛ります。最後に黒コショウをかけて完成です。

カルボナーラ

作り方

❶具材を切る。ベーコンは1㎝幅に切り、玉ネギは薄切りにします。

❷ボウルに卵黄と牛乳、粉チーズを入れ、軽く混ぜ合わせておきます。

❸麺をゆでます。鍋に1ℓのお湯を沸かし、塩10gを加えます。麺を入れ、表示時間通りにタイマーをかけます。

❹フライパンにバターと①の具材を入れて炒めます。玉ネギがしんなりしてきたら火を止め、③のゆで汁60ccを入れます。

❺麺がゆであがったらざるにあげ、しっかり水を切り、④に入れて、②を加え、弱火にかけます。大きく混ぜながら、ソースにとろみが出てきたら、皿に盛り、黒コショウをかけます。

ポイント

◎お湯に対して1％の塩でゆでる
◎麺を混ぜるのは最初の1分間
◎具材を炒めるとき麺のゆで汁を使う

作り方の動画は北海道新聞デジタルで

青ちゃん流　カルボナーラ

材料（1人分）

ベーコン……2枚
玉ネギ……1／4個
バター……10g
【ソース】
卵黄……2個
牛乳……大さじ2
粉チーズ……大さじ1
スパゲティ……100g
水……1ℓ
塩……10g
黒コショウ……適量

料理のコツ②

ひと手間かけて

きちんと下処理した食材にさらにひと工程加えて、おいしい料理を作りましょう。

例えば、サラダは少量のドレッシングであえてから水分を捨て、もう一度あえるようにすると水っぽくならず、むしろドレッシングが少なくすみます。この技法はイクラのしょうゆ漬けやお浸しをだしにくぐらすことにも応用できます。

すぐに食べたい気持ちを抑えて待ってみるのもひと手間です。

特に煮物は冷ますことで、調味料が浸透圧という液体の中で塩分や糖分が同じ濃度になろうとする力で食材の中に入っていくので、より味がしみ込みます。

食材を入れる順番も大切です。一気に入れるのではなくひと手間かけて油でじっくり加熱すると香りが立ってくるニンニクやショウガなどの食材から入れて、次に油できれいに発色するものや、アクや苦みを抜きたいピーマンやゴボウなどの食材を入れてから、最後に水分の多いモヤシやキノコを入れていけば、香りも食感も良いものになります。

時短レシピというものもありますが、必要な工程まで省いてしまうと時間と引き換えにおいしさが減ってしまいます。時間のあるときはちょっとひと手間かけてよりおいしい料理を作ってみてはいかがでしょう。

中華など

パラパラのチャーハンや
パリパリの羽根つき餃子、
失敗しがちな定番料理を、ご家庭にある
調味料を基本に作りやすい比率で、ごはん
がすすむ中華料理を紹介します。ちょっと
のコツで出来上がりが見違える、使える
レシピです。

酢豚

さわやかなリンゴが隠し味

肉をやわらかく仕上げるポイントは下準備にありまず。角切り肉におろしリンゴをもみ込みます。風味をつけながら、しっとりさせます。30分おいたら、片栗粉を加えてさらにもみ込み、多めの油をひいたフライパンで、弱火でじっくり揚げ焼きにしましょう。片栗粉をもみ込んでおくと、焼いたとき熱がゆっくり伝わるので、肉がかたくなりません。

カボチャは最初に皮にしっかり油を吸わせるのが、色良くほっくりと炒めるコツです。

野菜や肉を炒め合わせていくときは、食材をフライパンに加える度にしっかり火を通してから全体を混ぜると、ムラになりません。

炒め始めたら早いのが中華料理。調味料は分量を手元に用意しておき、すばやく回し入れて、とろみがついたら出来上がりです。

酢豚

作り方

❶豚肉は一口大の角切りにしてビニール袋に入れ、皮ごとすりおろしたリンゴをもみ込んで30分おきます。

❷カボチャは一口大に切り、長イモは厚さ3㎝のイチョウ切りにし、酢水（分量外）につけます。リンゴは角切り、玉ネギは一口大に切ります。ニンジンは乱切り、タケノコは根元を薄くむいて八つ割りにし、それぞれ下ゆでします。ピーマンは千切りにし、軽く炒めます。

❸フライパンに油を入れて火にかけ、カボチャを皮から入れて弱火で火を通します。水を切った長イモを加えてさらに焼きます。

❹①の肉に片栗粉を加えてもみ込み、③のフライパンに加えて弱火でカリッと焼きます。リンゴ、玉ネギを入れ、油が回ったら下ゆでしたニンジンとタケノコを加えて強火にし、調味料は酒→みりん→リンゴ酢→しょうゆ→ケチャップの順に回し入れます。炒め合わせてとろみがついたら器に盛り、別に炒めておいたピーマンをのせます。

ポイント

◎豚肉をおろしリンゴでつけ込む
◎豚肉に片栗粉をもみ込む
◎野菜や調味料は順番に入れる

作り方の動画は北海道新聞デジタルで

青ちゃん流　酢豚

材料（2人分）

豚モモブロック肉
　またはカレー・シチュー用……200g
すりおろしリンゴ……1／4個
片栗粉……大さじ2
カボチャ（小）……1／8個
長イモ……6センチ
リンゴ……1／4個
玉ネギ……1／2個
ニンジン、タケノコ（水煮）
　……各1／2本
ピーマン……1個
油……大さじ2
酒、みりん、リンゴ酢、
　しょうゆ、ケチャップ
　……各大さじ2

マーボー豆腐

サンショウで本格的な味に

まずはみじん切りにしたニンニクとショウガ、トウバンジャン、粒サンショウを油と一緒にフライパンに入れます。それから火をつけ弱火で炒めます。香りを油にうつすために、じっくりと炒めるのがポイント。しびれる辛さの粒サンショウは、味をぐっと引き締めてくれます。

香りが立ったらひき肉を入れ強火にします。赤い部分が残ると、後で調味料を入れたときにアクが出て臭みにつながるので、ひき肉全体の色が変わるまでしっかりと火を通します。

調味料は酒、みりん、しょうゆ、水の順で入れます。水4に対してほかの調味料は全て1です。強火のままにし、沸騰したら豆腐を入れ弱火に。7～8分煮て豆腐の水分をゆっくり抜きます。豆腐が締まってきて、崩れにくくなります。

片栗粉と水は1対2。うまくとろみをつけるためのコツは強火を維持して、少しずつ入れること。木べらでフライパンの真ん中を大きく回しながら入れると、ゼリー状に固まりません。

マーボー豆腐

作り方

❶長ネギ、ニンニク、ショウガはみじん切り、豆腐は一口大に切ります。
❷フライパンに油、ニンニク、ショウガ、トウバンジャンと、粒サンショウを小さじ1入れ、弱火でじっくり炒めます。
❸香りが出てきたらひき肉を入れ強火にし、しっかりと火を通します。
❹火が通ったら、強火のまま酒、みりん、しょうゆ、水の順で入れます。
❺④が沸騰したら豆腐を入れ、弱火で7～8分煮ます。
❻強火にし、木べらでフライパンの中心を混ぜながら水とき片栗粉を少しずつ入れ、とろみをつけます。
❼仕上げに長ネギ、ごま油を加えて火を止める。お好みで粉サンショウ（分量外）を加えます。

ポイント

◎香味野菜と香辛料は弱火でじっくり
◎ひき肉は強火でしっかり火を通す
◎水とき片栗粉は、木べらで混ぜながら入れる

作り方の動画は北海道新聞デジタルで

青ちゃん流　マーボー豆腐

材料（4人分）

木綿豆腐……………1丁
合いびき肉………200g
長ネギ……………1／2本
ニンニク、ショウガ…各1片
油……………大さじ1
トウバンジャン
……18g（お好みの辛さで）
粒サンショウ……小さじ1
酒、みりん、しょうゆ
…………各大さじ4
水……………240cc
水とき片栗粉
（片栗粉……大さじ4、
水……………大さじ8）
ごま油…………適量

焼きギョーザ

パリパリ薄皮は水とき小麦粉で

あんの材料は、肉と野菜の重量が1対1になるように。刻んだ野菜は全て炒めます。塩もみするのが一般的ですが、炒めたほうが安定して水分を飛ばせます。このとき野菜に下味をつけると、あんがベタベタになりにくいという利点もあります。

野菜とひき肉を合わせるときは、ねばりを出さないよう指先で軽く混ぜるだけにします。あんを包むときは皮のふちに水を塗るものと思われていますが、中身のあんを少しはみ出させて貼り合わせた方が、よくくっつきます。ひだを寄せるのは片面だけ。平らな面を下にして焼くことで、カリッとした食感部分が多くなります。

しっかり焼き目をつけてから、水を入れて蒸しましょう。市販されている冷蔵や冷凍のギョーザは、すぐ水を入れるタイプが多いですが、皮が生の場合は、いきなり水を入れると皮がとけてしまいます。蒸すときに入れる水の量は、フライパンの底面積によって変わります。直径26㎝よりも小さいサイズの場合、1㎝につき10㏄ほど減らしましょう。水に小麦粉をといて入れるとパリパリの羽付きになります。

焼きギョーザ

作り方

❶野菜はみじん切りにして、フライパンに油大さじ1をひき、ニンニク、ショウガを弱火でじっくり炒め、香りが出てきたらほかの野菜を入れ、水分を飛ばすように炒めます。

❷野菜がしんなりしてきたら酒、しょうゆ、オイスターソースを入れ、混ぜて全体がなじんだら火からおろして常温まで冷まします。

❸豚ひき肉と炒めた野菜を合わせ、あんを作り、ティースプーン1杯（約10g）ずつ皮にのせ、水の代わりにあんで接着して閉じます。

❹フライパンに油をひきます。ギョーザの平らな面を下にして並べ、弱火でしっかり焼き目がつくまで焼き、水とき小麦粉を入れます（直径26cmのフライパンの場合、水100ccに小麦粉小さじ1〜2、分量外）。ふたをして強火で2分蒸し、ふたを取って強火のまま水分を飛ばします。鍋肌からごま油を回しかけ、全体を裏返すように皿に盛りつけます。

作り方の動画は北海道新聞デジタルで

青ちゃん流　焼きギョーザ

ポイント

◎野菜は塩もみせず炒める
◎ひき肉は練らない
◎しっかり焼き目をつけてから蒸す

材料（20個分）

豚ひき肉……100g
白菜（キャベツも可）……50g
ニラ……25g
長ネギ……25g
ニンニク、ショウガ…各1片
油……大さじ1
酒、しょうゆ、
　オイスターソース……各小さじ1
市販のギョーザの皮……20枚
水とき小麦粉……適量
ごま油……小さじ1

シューマイ

お弁当用の紙カップでくっつき防ぐ

まず、あんを作ります。むきエビは塩水でもんで、ぬめりを取っておきましょう。エビを包丁でざっくり切り、粗めにたたきます。プリプリした食感が残せます。ボウルにエビと豚ひき肉、塩を入れてよく混ぜ、粘りが出てきたら長ネギを入れます。具材をカニやホタテに変えてもおいしいです。

次はあんを皮に包みます。このときの裏技アイテムがキッチンペーパーの芯と、お弁当などで使う紙カップ。キッチンペーパーの芯をハサミで2、3cmの高さの輪切りにします。シューマイの皮にあんをのせ、紙カップに入れて、紙カップごと芯に入れます（詳細は動画参照）。スプーンで上から軽く押すようにして形を整え、上に枝豆などを飾り、芯から外します。

フライパンで簡易的な蒸し器を作ります。水を底から2cmほど入れて沸かします。アルミホイルをドーナツ形にして台座を作り、フライパンにおきます。フライパンより少し小さめの皿に、シューマイを紙カップごと並べ、台座の上におきましょう。紙カップを使うと、皮が隣のシューマイや下の皿にくっつきません。ふたをして、中火で5分以上蒸したら完成です。

シューマイ

作り方

❶あんを作ります。むきエビを包丁でざっくり切り、刃で粗めにたたき、長ネギはみじん切りにします。

❷ボウルにエビと豚ひき肉、塩を入れて混ぜ、ねばりが出てきたら長ネギを入れて混ぜます。

❸あんを包むのにキッチンペーパーの芯と紙カップを使い、芯は2、3㎝の高さに切ります。皮にあん約20gをのせ、紙カップに入れます。そのまま芯に入れて形を整え、枝豆などを上に飾り、芯から外します。

❹③をフライパンで蒸します。水を適量入れて沸かし、アルミホイルをドーナツ形にして台座を作ります。フライパンより少し小さめの皿に、シューマイを並べて台座にのせ、フタをして中火で5分以上蒸します。

作り方の動画は北海道新聞デジタルで

青ちゃん流　シューマイ

ポイント

◎エビは包丁でたたき食感を残す
◎キッチンペーパーの芯で均一な形に
◎フライパン蒸し器で簡単に

材料(12個分)

むきエビ……100g
豚ひき肉……100g
長ネギ……50g
塩(エビと肉の重量の1%)……2g
シューマイの皮……12枚
むいた枝豆……適量
※エビ、肉、長ネギの量は、2対2対1の比率で

レバニラ炒め

水に浸して臭みを抜く

ポイントはレバーの下処理です。「血生臭さ」の原因となる血のかたまりなどを取り除き、食べやすい大きさに切ります。そのとき、包丁の先で刺すようにして薄皮を切ると、加熱したときにレバーがパンッとはじけません。そして、レバーの臭み取りに牛乳を使う方が多いかもしれませんが、レバニラ炒めは味付けに乳製品を使わないので、牛乳である必要はありません。逆に牛乳臭くなってしまいます。

水に浸し、軽く手でもんで、中に残る血などの不純物を取り除きます。5分経ったら取り出し、キッチンペーパーなどでしっかり水気を拭き取りましょう。

焼き方も重要です。レバーに片栗粉をよくまぶし、しっかり払って、強火で焼きます。フライパンに入れたらすぐに触らず、焼き面に軽く焦げ目がつくまで焼きます。ジューッと音がして焼けてきたら、中火にして、ひっくり返します。6割くらい焼けたら強火に戻し、ニラ、モヤシの順に野菜を入れて炒めます。

野菜に火が通ったら、調味料を順番に入れ、少しとろみが出るまで焼きます。

レバニラ炒め

作り方

❶レバーは血のかたまりなど取り除き、薄皮を切った後、食べやすい大きさに切ります。ニラは5、6㎝の長さに切ります。

❷レバーは5分ほど水に浸して血抜きをし、キッチンペーパーなどで水気を切って、片栗粉をまぶします。

❸フライパンに油をひき、レバーを強火で焼いて、軽く焦げ目がついてきたら中火にし、ひっくり返して焼きます。

❹ニラ、モヤシの順に野菜を炒めたら、酒→みりん→オイスターソース→しょうゆの順に調味料を入れ、とろみが出てきたら出来上がりです。

ポイント

◎レバーの薄皮を切る
◎血抜きは水でOK
◎食材は焼く順番が大事

作り方の動画は北海道新聞デジタルで

青ちゃん流　レバニラ炒め

材料(2人分)

鶏レバー……200g
ニラ……1束
モヤシ……1/2袋
片栗粉……適量
油……大さじ2
酒……大さじ2
みりん、オイスターソース、しょうゆ……各大さじ1

エビチリ

香りが出てきたら強火に

バナメイエビを12匹使いました。皮をむき、背わたを取り、塩もみしてぬめりを取ります。次は衣作りです。ボウルで卵白を泡立てメレンゲを作り、そこにエビを入れた後、片栗粉を加えてよく合わせます。

フライパンに油をひいて少し熱し、中火の状態でエビを片面から焼いていきます。焼き色がつき、衣が固まったら裏返して同じように焼きます。このとき、エビは完全に火を通す必要はありません。

続いて、ソースの作り方です。先ほど使ったフライパンにトウバンジャン、みじん切りにしたニンニク、ショウガを入れて弱火で炒めます。トウバンジャンは少しずつ加えて、辛さを調整しましょう。

香りが出てきたら、酒→みりん→しょうゆ→ケチャップ→水の順に加えます。火は強火にします。煮立ったらエビを入れ、中火でさらに煮ます。すでにエビの衣に片栗粉がついているので、とろみがついていますが、さらにとろみをつけたい人は水とき片栗粉を加えてください。

1分ぐらい煮たら、みじん切りにした長ネギを上に散らして完成です。

エビチリ

作り方

❶エビは皮をむき、背わたを取ります。塩を3つまみ入れてもみ、ぬめりを取ってから水で洗います。

❷ボウルで卵白を7部立てに泡立てて、エビを合わせた後、片栗粉を混ぜます。

❸フライパンに油をひき、温まったらエビを入れて中火にして片面を焼き、衣が固まったらひっくり返して裏側も焼いて揚げ物用バットなどに取り出します。油を切り、油は大さじ1を残して拭き取ります。

❹残った油を熱し、トウバンジャン、みじん切りしたショウガとニンニクを入れ、弱火で炒め、香りが出たら酒、みりん、しょうゆ、ケチャップ、水の順に加え、強火にして煮立てます。

❺③のエビを加えて少し煮ます。みじん切りした長ネギを上に散らします。

ポイント

◎エビの下処理はしっかり
◎エビは衣が固まれば良い
◎トウバンジャンの量はお好みで

作り方の動画は北海道新聞デジタルで

青ちゃん流　エビチリ

材料（2人分）

エビ	12匹
塩	3つまみ
卵白	1個分
片栗粉	大さじ3
油	大さじ3
トウバンジャン	小さじ1
ショウガ	少々
ニンニク	1片
酒	大さじ2
みりん	大さじ1
薄口しょうゆ	大さじ1
ケチャップ	大さじ3
水	大さじ6
長ネギ	1／2本

秋野菜炒め

シャキッと感は調理順が大事

色よくシャキッと仕上げるには野菜を炒める順番が大事。まず火の通りにくい野菜を、次に油で発色するものが続き、水分の多いものが最後です。切った野菜を一気に炒めるのではなく、種類ごとに小分けに加え、フライパンの温度を下げないこともポイントです。

まずはじっくり火を通す長イモから炒めます。次の具材を入れるタイミングは、全体に油がまわり、ジューと鳴ってきたら。油で発色するニンジン、ピーマンと続き、水分の多いモヤシが最後です。

そして、野菜炒めの調味料（A）で使う「鶏のだし汁」は先に作っておきましょう。多めに作っておくとスープとしても楽しめます。野菜炒めの調味料分とスープ2人分なら、分量は一口大に切った鶏胸肉1枚分、水500cc、酒50cc。火にかけて沸くまで触らずにおき、アクがまとまったらすくいます。塩とごま油を加えたらベースの完成です。できたゆで鶏肉は、野菜炒めとスープに使います。

調味料（A）は片栗粉を入れ混ぜ合わせておくと、一瞬で味がからまり、余計な水蒸気も出ません。野菜の食感がしっかり残ります。

秋野菜炒め

作り方

❶長イモは厚さ1㎝の拍子切り、ニンジン、ピーマン、白菜の芯は1㎝幅の縦切り。白菜の葉、エリンギは食べやすい大きさに切ります。シイタケは4等分、マイタケ、ブナシメジは小分けにします。**A**を合わせておきます。

❷フライパンに油をひき、強火にしたら、長イモ→ニンジン→ピーマン→白菜→キノコ類→ゆで鶏肉→モヤシの順に入れて炒め、**A**を回しかけます。

❸チャーハンを作ります。別のフライパンに油をひき、強火にしたらとき卵を入れ、半熟のうちにごはんを加えて菜箸でかき混ぜます。コショウ、塩水を加えてさらに炒め、長ネギを入れ、最後にごま油、しょうゆを加えてさっと混ぜます。

★チャーハンの詳しい作り方はP130を参照してください。

ポイント

◎具材は1種類ずつ順番に炒める
◎野菜にしっかり油を吸わせる
◎合わせ調味料で一気に味付け

作り方の動画は北海道新聞デジタルで

青ちゃんのごちそう　秋野菜炒め

材料（2人分）

- 長イモ……60ｇ
- ニンジン……1／3本
- ピーマン……1個
- エリンギ……1個
- 白菜……1枚
- シイタケ……2個
- ブナシメジ、マイタケ……各1／3株
- モヤシ……1／2袋
- ゆで鶏肉（一口大）……1／2枚分

A
- 鶏のだし汁……75cc
- しょうゆ……25cc
- 塩……ひとつまみ
- 片栗粉……小さじ1

- 油……大さじ1

【鶏のだし汁】
- 鶏胸肉（一口大に切る）……1枚分
- 水……500cc
- 酒……50cc
- 塩……小さじ1
- ごま油……小さじ1／2

春雨サラダ

ゆでずにお湯で戻し、ドレッシングで煮る

春雨は水で戻してゆでるのではなく、50～70度のぬるま湯を入れたボウルの中で戻すのがポイントです。温度計がないときは、沸かしたお湯と同じ量の水を入れると、50～70度くらいのぬるま湯になります。10分ほど入れて戻したら、ざるで水を切りましょう。

お湯でゆでると、その後水分を吸わなくなってしまうので、ドレッシング（調味料）の中で加熱することで春雨の芯まで味をしみ込ませることができます。フライパン（鍋でも可）に調味料と水を入れ火をつけて、沸騰してきたら戻した春雨を入れます。1分ほど強火で煮ると、春雨が透き通ってくるので、火を止めて冷まします。

春雨が常温に冷める頃には、十分にドレッシングを吸っています。そこに、いり卵と切った具材を入れて混ぜます。最後に風味付けでごま油を入れます。ごま油は春雨のくっつき防止にも役立ちます。具材の野菜がしんなりしてきたら完成です。

春雨サラダ

作り方

❶春雨を、ぬるま湯（50〜70度）に10分ほど入れ、戻しておきます。

❷フライパンにしょうゆ、酢、酒、みりん、水を入れて加熱し、沸騰させてドレッシングを作ります。春雨を入れて1分くらい煮て、火を止め、常温になるまで冷まします。

❸いり卵を作ります。別のフライパンに卵と塩、油を入れ、箸5〜6本で軽く混ぜます。箸で混ぜながら、卵の半熟さがなくなるまで加熱します。ハム、キュウリ、ニンジンを千切りにします。

❹ドレッシングを十分に吸った春雨と③の具材を混ぜます。風味づけにごま油を入れ、野菜がしんなりしてきたら出来上がりです。

ポイント

◎春雨はぬるま湯で戻す
◎ドレッシングで煮て味付け
◎調味料の分量は正確に

作り方の動画は北海道新聞デジタルで

青ちゃん流　春雨サラダ

材料（2人分）

乾燥春雨……50g
ハム……2枚
キュウリ……1／2本
ニンジン……1／6本
ごま油……大さじ1
【ドレッシング】
しょうゆ、酢、酒、みりん……各30cc
水……60cc
【いり卵】
卵……1個
塩……ひとつまみ
油……小さじ1

チリコンカン

レモンで豆の色落ちを防ぐ

金時豆を水につけます。レモンを水の中に一緒に入れると金時豆の色が抜けづらくなります。6～8時間おくと、豆は2倍ほどの大きさと重さになります。

次に、水ごと鍋に移して煮ます。豆がお湯から顔を出しそうになったら水を足し、指でつぶせるくらいになったら火を止めます。この後、調味料を加えてさらに煮込むので若干かためでOK。ゆであがった豆はふっくら、つやつや。手間をかけてこその仕上がりです。

具はひき肉と玉ネギ。臭みが出ないようひき肉の色がしっかり変わるまで炒めて玉ネギを加えます。トマトピューレと水は無塩のトマトジュース400ccでも代用できます。汁が半分になるまで煮込んだら金時豆もほどよい食感に。仕上げに甘唐辛子、クミンなどのミックススパイス「チリパウダー」を加えると、独特の香りが食欲をそそります。

レタスやトマト、スライス玉ネギ、チーズなどを一緒にトルティーヤという薄皮パンに包めばメキシコ料理の「タコス」になります。これらの具材をごはんにのせたのが沖縄料理「タコライス」。チリコンカンはトウモロコシチップにのせて、おやつのように食べるのもおすすめです。

チリコンカン

作り方

❶ボウルに金時豆と水、レモンを入れて6〜8時間おきます。
❷①の豆、水、レモンごと鍋に入れて火をつけ、沸騰したら弱火にしてアクをすくい、1時間〜1時間半煮ます。
❸火を止めて常温になるまで冷まし、ざるにあけます。
❹フライパンに油、ニンニクを入れて火をつけ、弱火で香りが出るまで炒めます。
❺合いびき肉を加え、肉の色が変わるまでしっかり炒めたら、みじん切りにした玉ネギを加え、透明になるまでさらに炒めます。
❻⑤に③の豆、Aを入れて塩、チリパウダーで味をととのえます。汁が半分になるまで15分ほど煮詰めます。お好みでパセリを散らします。

ポイント

◎豆は水にレモンを入れて戻す
◎しっかり戻してから煮る
◎チリパウダーで本格的に

作り方の動画は北海道新聞デジタルで

青ちゃん流　ごちそう　チリコンカン

材料（4人分）

金時豆（乾燥）……100g
水……500cc
レモン（薄い輪切り）……1枚
合いびき肉……200g
玉ネギ（みじん切り）…200g
ニンニク（みじん切り）……1/2片
油……大さじ1
A ［トマトピューレ、水……各200cc
塩……小さじ1
市販のチリパウダー……大さじ2
乾燥パセリ……お好みで

チャーハン
塩水でしっとりパラパラに

ポイントは1人分ずつ作ることです。まとめて作るより時間がかかるように思えますが、実はフライパンの温度が下がりにくく早く火が通るので、30秒程度でサッと出来上がります。

チャーハンは炒め始めたら一気に仕上げます。使う材料は全て手元に用意しておきましょう。具材は火の通りが早いものがおすすめ。ごはんは温かいものを。冷やごはんは電子レンジで温め直しましょう。

炒めるときのポイントは塩水です。塩水にすることで塩味が全体にムラなく行き渡り、水が蒸発する力で、ごはんを一気にほぐしてくれるので、しっとりパラパラのチャーハンになります。

ＩＨクッキングヒーターなどを使い、フライパンを振るのが難しい場合は、複数の箸（4膳ほど）を使いましょう。油をひいたフライパンにといた卵を入れ、複数の箸を束ねて持ち、いり卵を作る要領で回します。半熟になったらごはんを入れ、再び箸で回します。ごはんがばらけてきたらコショウ、塩水を入れて箸で回し続け、具材と調味料を加えて混ざったら完成です。

チャーハン

作り方

❶下準備をします。卵はといておきます。ハムは1cm幅の短冊切り、長ネギはみじん切りに。使用する材料はすべて手元においておきます。

❷フライパンに油をひき、よく熱します。卵を入れて半熟になったら、温かいごはんを加え、素早く混ぜます。

❸ごはんがほぐれてきたら、コショウを軽くふり、塩水を入れます。

❹具材（ハムと長ネギ）を入れ、フライパンを振りながら全体を炒めます。

❺仕上げに鍋肌からごま油を適量、しょうゆを数滴入れ、よく混ぜます。

ポイント

◎材料の分量はきっちりと
◎1人分ずつ炒める
◎塩水を使ってしっとりパラパラに

作り方の動画は北海道新聞デジタルで

青ちゃん流　チャーハン

材料（1人分）

ごはん……150g
卵……1個
油……大さじ1
コショウ……適量
塩水
（水……大さじ1
塩……小さじ1／2）
ハム……1枚
長ネギ……1／4本（30g）
ごま油、しょうゆ……各適量

ビビンバ
ナムルは炒めて日持ち良く

ビビンバの定番具材の一つ、温泉卵を作りましょう。温泉卵は黄身は半熟、とろりとした白身が特徴。このからくりは卵白と卵黄の固まる温度の違いにあります。卵黄は65度、卵白はそれより高い75度から固まりだします。その温度差を利用して、70度前後でじっくり温めると温泉卵になります。

土鍋のような蓄熱性の高い鍋がおすすめ。温度計がない場合は、炊飯ジャーにぬるめのお湯を入れ、保温の状態で20分おいてもできます。卵は冷蔵庫から取り出してすぐ加熱するのではなく、常温に戻してから使いましょう。

ナムルは、フライパン一つで炒めて作ります。ゆでて味付けする作り方より、炒めたほうが日持ちも良いのでおすすめです。野菜は炒める順番が大事で、火が通りにくく、油を入れたら甘みが出るものから炒めるのがコツです。このレシピは、ニンジン→ホウレンソウ→モヤシの順に炒めます。

ごはんに味付きひき肉やナムルなどを盛りつけ、最後に温泉卵をのせたら完成。よく混ぜて食べましょう。フライパンに盛りつけて、火にかけながら混ぜると、石焼きビビンバ風に楽しむこともできます。

ビビンバ

作り方

❶温泉卵を作ります。水の入った鍋に卵を入れて火にかけます。温度計で68度になったら火を止めて、フタをします。20分おいてから、ボウルにはった冷水でしっかり冷やします。

❷ひき肉をフライパンでしっかり炒め、酒、みりん、しょうゆ、コチュジャンの順に入れて炒め、汁気がなくなったら火を止めます。

❸ナムルのニンジンは千切りにしてフライパンに入れ、ホウレンソウは根を取って4～5㎝のざく切りにします。フライパンにごま油を入れて火にかけ、ニンジンが透き通ってきたら、ホウレンソウ、モヤシの順の入れて炒めます。

❹モヤシが透き通ってきたら、酒、しょうゆ、塩を入れて炒めます。白ごまやお好みで輪切り唐辛子を入れて軽く炒めたら火を止めます。

❺ごはんに焼きのりをのせ、その上にキムチと②④を盛りつけ、最後に温泉卵を割り入れます。

ポイント

◎温泉卵は68度で20分
◎ナムルはゆでるより炒めて日持ち良く
◎野菜は炒める順番が大事

作り方の動画は北海道新聞デジタルで

青ちゃん流　ビビンバ

材料（2人分）

卵……………………2個
キムチ……………160g
ごはん………………適量
焼きのり……………適量

【味付きひき肉】
合いびき肉………200g
酒、みりん、しょうゆ、
　コチュジャン…各大さじ2

【ナムル】
ニンジン…………1／2本
ホウレンソウ…………1束
モヤシ…………………1袋
ごま油………………大さじ2
酒……………………大さじ2
しょうゆ、塩……各小さじ1
白ごま………………大さじ1
輪切り唐辛子……お好みで

ソース焼きそば

重ねて蒸して野菜の水分を生かす

野菜から出る水分を生かし、フライパンで「重ね蒸し」にします。ふた、またはアルミホイルをかぶせ、野菜の水分を逃さないようにします。水は蒸し上がりを待って、足りないと感じたら加える程度です。

重ね蒸しは、強火で合計6分間ほど。豚バラ肉、野菜、麺の順に重ねて3分蒸した具材をひっくり返します。具材がフライパンにくっつくのを避けるにはフッ素加工されたものが最適で、鉄製の場合は、オーブンペーパーを敷くと良いでしょう。

フライパンの直径と同じか、やや大きいサイズの皿をかぶせ、フライパンの天地を返します。基本は強火のままですが、具材をフライパンに戻すとき、ジュッと大きな音がしたら、中火に弱めてもいいでしょう

麺をほぐすのは、重ね蒸しを終えるまで我慢です。元から油がからんでいる麺に火が十分通るまではほぐしづらく、ぶつ切れになりやすいのです。

家庭用のフライパンなら、2人分の具材で中はいっぱい。最後に調味料を加えて炒めるときは、ターナー（フライ返し）と箸を使うと混ぜやすいですよ。

ソース焼きそば

作り方

❶フライパンに油をひき、豚バラ肉を入れます。その上に、モヤシ、千切りにした玉ネギとピーマン、短冊切りにしたニンジン、2㎝角に切ったキャベツを重ねます。最後に蒸し麺をのせ、ふたをして火をつけます。強火で3分、重ね蒸しにします。

❷ふたを取って皿をかぶせ、フライパンごと持ち上げて裏返します。具材をフライパンに戻すと、肉、野菜、麺の上下順が逆になるので、再びふたをして、さらに3分焼きます。

❸ふたを取って火を弱め、麺をほぐしながら全体が混ざるように炒めます。再び火を強め、塩、コショウで味をまとめ、中濃ソースとしょうゆを加え、少し香ばしさが出たら出来上がり。お好みで青のりや紅ショウガを添えます。

作り方の動画は北海道新聞デジタルで

青ちゃん流　焼きそば

ポイント

◎豚バラ肉、野菜、麺の順に重ねて蒸す
◎水は加えずに野菜から出る水分を生かす
◎麺は蒸し上がりを待ってからほぐす

材料（2人分）

蒸し麺……2玉
豚バラスライス肉……100g
キャベツ……1／6個程度（150g）
玉ネギ……1／2個
ニンジン……1／3本
ピーマン……2個
モヤシ……1／2袋
油……大さじ1
中濃ソース……大さじ4
しょうゆ……大さじ2
塩、コショウ……各適量
青のり、紅ショウガ……お好みで

あんかけ焼きそば

野菜の切り方、炒める順が大事

まずは蒸し麺です。沸騰したお湯でサッとほぐしてから焼きましょう。弱火でじっくり焼くことで麺がカリッとします。

あんには、具材は何でも合いますが、だしが出る食材を入れるとおいしくなります。ダシの出る食材として、アサリやエビ、イカ、ホタテの魚介類と豚肉を使いました。おいしく作るには野菜の切り方も重要です。例えば、白菜は断面が広くなるそぎ切りにすると、短時間で味がしみ込みます。

炒めるときはダシの出る食材から始めましょう。冷たいフライパンに油や材料を入れてから火をつける「コールドスタート」がポイント。肉がかたくなるのも防ぎます。

豚肉に火が通ったら野菜を炒めますが、入れる順番が大事です。水分が多く出る野菜は最後に入れると、シャキシャキ感が残ります。

あんにとろみをつけるコツは、強火の状態のまま木べらで中心をかき混ぜながら、水とき片栗粉を中心に向かって2、3回に分けて入れます。

あんかけ焼きそば

作り方

❶蒸し麺を沸騰したお湯でサッとほぐしてざるにあげます。フライパンにごま油をひき、麺を入れて形を整え、ふたをして弱火でカリカリになるまで焼き、裏返します。ふたをせずに3分ほど焼きます。
❷あんを作ります。冷たいフライパンに油をひき、豚肉と魚介を入れてから強火で焼きます。
❸豚肉に火が通ったら、ニンジンを入れて炒め、次にピーマン、白菜の順番に炒めます。
❹野菜に油がなじんできたら、水でもどしたキクラゲ、うずら卵を入れ、酒、水、塩、コショウの順に入れます。
❺味がととのったら、強火のまま水とき片栗粉を入れ、とろみをつけて①にかけます。

ポイント

◎蒸し麺は焼く前に湯通し
◎魚介、肉はコールドスタートで炒める
◎野菜は切り方と炒める順番が重要

作り方の動画は北海道新聞デジタルで

青ちゃん流　あんかけ焼きそば

材料（1人分）

蒸し麺	1玉
ごま油	大さじ1
油	大さじ1
豚モモスライス	50g
アサリ	6粒
エビ	4匹
イカ	4切れ
ベビーホタテ	4個
（魚介類はシーフードミックス80gでも可）	
ニンジン	25g
ピーマン	1／2個
白菜	1枚（70g）
キクラゲ（乾燥）	3g
うずら卵（水煮）	2個
酒	30cc
水	270cc
（水と酒の割合は9対1）	
塩	小さじ1
（水と酒の合計に対して1・5％）	
コショウ	少々
水とき片栗粉	
（片栗粉	大さじ1）
（水	大さじ1）

冷しゃぶラーメンサラダ

ぬるいお湯でゆでれば豚やわらか

豚の薄切り肉をゆでて冷やした「冷しゃぶ」は、肉がかたくなったり脂が口に残ったりしがち。実はそれ、熱湯でゆでて、氷水で洗っているから。正解は「ぬるいお湯からゆでて、常温の水で洗う」です。

鍋にお湯を沸かし、同量の水を加えて約50度にしたら、肉を入れてほぐし、触らずに再沸騰を待ちます。アクが浮いたら肉を取り出し、常温の水で洗って冷蔵庫へ。これならゆっくり火が通るため肉がかたくならず、ゆっくり冷やすので脂も固まりません。違いは歴然です。モモ肉もしっとりと仕上がり、食欲をそそります。

そして、ラーメンサラダをおいしく作るポイントは、ドレッシングで麺をあえること。麺にドレッシングを少量からめて、出てきた水分を捨てて、食べる前にもう一度ドレッシングをかけます。こうすると水っぽくならず、味がよくなじみます。

冷しゃぶラーメンサラダ

作り方

❶鍋に半分程度のお湯を沸かし同量の水を加えてぬるいお湯を作り、豚肉を入れてほぐします。再沸騰したら肉を取り出して常温の水で洗います。キッチンペーパーを敷いたバットに入れてラップをかけ、冷蔵庫で冷やします。
❷ドレッシングを作ります。ボウルに練りごま、砂糖をすり混ぜ、酒、しょうゆを分離しないよう少しずつ加えながら混ぜて、すりごま、マヨネーズを加えます。
❸レタスは粗い千切り、レッドオニオンは薄切り、カイワレは根元を切って、混ぜ合わせます。トマト、キュウリは薄切り、ネギは小口切りにします。
❹麺をゆで、流水で洗って水気を切ります。ボウルに入れ、ドレッシング大さじ2であえてボウルの底に出た水分を捨てます。
❺器にトマトとキュウリを並べて、刻んだ野菜を敷きます。麺と冷しゃぶをのせ、残りのドレッシングをかけて、ネギを散らします。

ポイント

◎豚肉はぬるいお湯からゆでる→常温の水で洗い冷蔵庫で冷やす
◎ドレッシングで麺をあえ、余分な水分を捨てる

作り方の動画は北海道新聞デジタルで

青ちゃん流　冷しゃぶラーメン

材料（2人分）

豚モモ薄切り肉（しゃぶしゃぶ用）…200g
レタス、レッドオニオン、カイワレ、トマト、キュウリ、万能ネギ……………各適宜
中華麺……………1玉
【ごまドレッシング】
練りごま、砂糖、酒、しょうゆ、すりごま（白）……………各大さじ2
マヨネーズ……………大さじ4

ジンギスカンのタレ

ニンニク、果汁を使い家庭の味に

味付き肉用のタレもつけダレ用もベースは同じです。まずは、玉ネギ、リンゴ、ニンニク、ショウガをボウルにすり下ろしましょう。すり下ろしたボウルに、しょうゆ、酒、みりん、酢を入れます。これがベースのタレです。調味料の割合はそれぞれ4対1対1対1が基本となります。

ただし、調味料の割合は目安と考えましょう。ニンニクが効いたタレが好きなら、ニンニクを多めに入れてもいいし、砂糖やハチミツを入れて甘口にしてもいい。ほかの野菜、果物のすり下ろしや果汁を加えてもいいですね。それぞれのご家庭の味を見つけてください。

玉ネギやリンゴに含まれる酵素には、肉をやわらかくする働きがあります。そのため、味付け用のタレはベースのタレを加熱せず、そのまま使います。肉の量に対し20％のタレをもみ込みます。例えば、生ラム肉300gにタレ60㎖をかけます。軽くもみ込んで、冷蔵庫に1時間以上おきましょう。

つけダレ用はベースのタレを鍋で沸騰させます。加熱することでタレに甘みが出ます。タレが冷めたらペットボトルなどに入れて保存しましょう。冷暗所で1カ月、冷蔵庫に保存で2カ月もちます。

ジンギスカンのタレ

作り方

❶玉ネギ、リンゴ、ニンニク、ショウガをすり下ろします。
❷①にAを入れ合わせ、ベースのタレを作ります。
❸味付け肉用は、生ラム肉300gに、②のベースのタレ60ccをもみ込みます（肉の量に対してタレは20％）。冷蔵庫に入れて1時間以上おきます。
❹つけダレ用は、②のベースのタレを沸騰するまで加熱します。

ポイント

◎つけダレ用はしっかり加熱
◎味付け肉には肉の量の20％のタレをもみこむ
◎基本の割合を目安に家庭の味を見つけよう

作り方の動画は北海道新聞デジタルで

青ちゃん流　ジンギスカン

材料（作りやすい分量）

A［しょうゆ……240cc
　［酒、みりん、酢…各60cc
玉ネギ……1／2個
リンゴ……1／2個
ニンニク……1片
ショウガ……1片

※Aの割合
しょうゆ、酒、みりん、酢は、4対1対1対1（1＝60ccとした場合）

料理のコツ③

温度を味方に

料理には覚えておくと便利な温度があります。

タンパク質は42度くらいから火が通り始め、75度以上で完全に固まり、肉や魚は白っぽく変色してしまいます。

一般的なミディアムといわれる焼き具合は65~70度です。ここを上手にコントロールするために肉を常温に戻したり、表面を焼き固めてから弱火でじっくり火を通したり、余熱を使って芯まで火を通したりと、いろいろと工夫するのです。

フライパンを加熱しない状態から食材を入れて火をつける「コールドスタート」も一気に加熱して食材をかたくしないための工夫です。また、ローストビーフで紹介したジッパー付き保存袋を使ったレシピも、肉の中心の温度を65~70度になるようにお湯を利用して温度管理をする調理法です。

卵も温度によって出来上がりが変わってしまう、わかりやすい食材です。卵黄と卵白で固まる温度が違いますし、とき卵にしても変わります。そして、卵黄はゆっくり、卵白は一気にという特性もあります。半熟のゆで卵や温泉卵はこの特性を利用した料理です。とき卵にして調味料などを入れると固まる温度がさらに上がりゆっくり固まるので、オムレツは焦らずに半熟を目指して作りましょう。

温度を味方につけると料理がグンと上達しますよ。

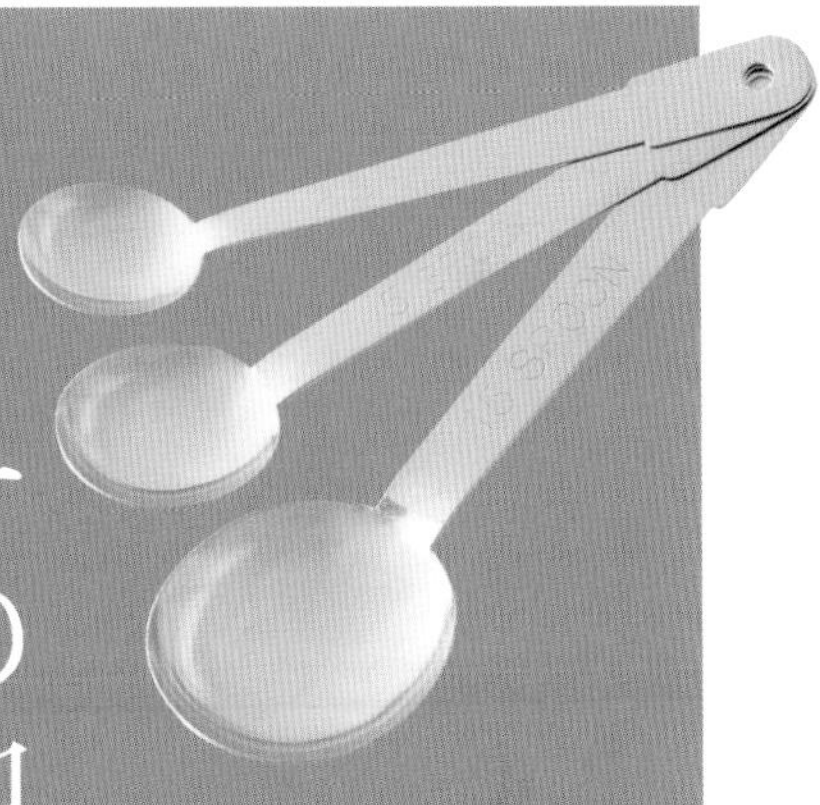

その他テクニック

調理科学や道具、技術の進化で新しい料理法が続々と登場しています。温度や化学反応といった、ちょっと難しく感じる言葉もわかりやすいレシピで紹介。なぜそうなるのかを理解して作ると、料理はもっとおいしく、楽しくなります。

簡単ローススハム〈ジッパー付き保存袋で真空調理〉

肉のうま味と水分逃さず

便利グッズのジッパー付き保存袋は、調理道具としても大変役に立ちます。その一つが「真空調理法」。食材を真空パックに入れて低温で加熱し、うま味や風味を逃さずに火を通す調理法です。

本来はスチームコンベクションオーブンなど専用の設備が必要ですが、保存袋の活用で家庭でも再現できます。ロースハムを作ってみましょう。

用意するのは、耐熱温度が100度程度の保存袋と鍋、ロース肉、塩だけ。ポイントは肉を入れるお湯の温度です。70～75度のお湯で30分ほど湯せんします。肉はタンパク質を多く含むため、75度以上で加熱すると表面が真っ白になってしまうので注意が必要です。

湯せんの際、肉の入った保存袋は、袋の口を開けた状態のまま鍋に入れます。水圧で袋の空気が抜けるので、沈んだら口を閉めましょう。

70度前後の温度を維持しながら湯せんで30分温めるため、お湯を入れる鍋はなるべく大きめで、保温力のあるものがおすすめです。

温度計がない場合は、沸騰したお湯と水を3対1の割合（例えば3ℓのお湯に1ℓの水）で混ぜるとちょうど良い温度になります。

簡単ロースハム

作り方

❶ジッパー付き保存袋に肉と塩を入れて、まんべんなくもみ込み、冷蔵庫に2時間以上おきます。

❷鍋に70〜75度のお湯を用意します。肉を保存袋に入れて口を開け、空気を抜きながらお湯に沈め、口をしばります。

❸お湯の熱を逃がさないよう鍋にふたをして30分おきます。

❹保存袋から肉を取り出し、水分を拭き取り完成です。ハムのきれいな赤色を見せたいときは、表面をそぐように薄く切ります。

ポイント

◎耐熱温度１００度程度の保存袋を使う
◎大きめの鍋でたっぷりのお湯を用意
◎しっかり空気を抜いて沈める

作り方の動画は北海道新聞デジタルで

青ちゃん流　ジッパー　真空

材料（2人分）

豚ロース肉
……………2枚（各１００g）
塩（肉の重量の１％）………2g

サラダチキン〈鶏胸肉で節約料理〉

鍋で水から徐々に加熱

鶏胸肉はジッパー付きの保存袋に入れて味付けをした後、鍋でゆでて、蒸らす手順です。いわゆる真空調理で、うま味がゆでたお湯にとけ出すこともありません。料理界の革命とも言える、手軽で便利な調理法です。保存袋の耐熱温度は、100度を目安として選んでください。

鍋で水から徐々に加熱することで、肉がかたくなるのを防ぎます。衛生面も考え、続く蒸らしと合わせて鶏肉にしっかりと火を通しましょう。

蒸し上げた鶏肉は、シンプルに塩と酒の味がついています。塩分の濃さは、鶏肉の重さに対して1％の割合がちょうど良いでしょう。

モヤシはやや濃いめの味付けをしました。調味料で直接煮込んで仕上げれば、ゆでてから味付けをするというステップを踏むよりも衛生的で、傷みにくいのです。しょうゆベースの味付けをした後、中華あえとからしあえにアレンジ。わさびあえ、梅肉あえなど、さらに味に変化をつけられます。

鶏肉から出た黄金色の汁（鶏スープ）には、うま味が凝縮されていて、ソースや手軽なスープとして使えます。鶏肉はレンジで急に加熱するとかたく、パサパサになりやすいのでご注意を。

サラダチキン

作り方

❶鶏肉はアクを防ぐためキッチンペーパーで表面の水分を取り除きます。ジッパー付きの保存袋に入れて塩と酒を加え、袋の上から軽くもみ込みます。

❷大きめの鍋にざるを入れます。水を入れ、鶏肉が入った保存袋を沈めて空気を抜いてからジッパーの口を閉じます。鍋を火にかけ、沸騰したら止めます。鍋に入れたまま20分以上蒸らした後、常温まで冷まします。

❸鶏肉を保存袋から箸で取り出し、キッチンペーパーで汁を軽く拭きます。包丁で肉の繊維を断つように切り分けます。

❹モヤシのあえ物を作ります。鍋に調味料Aを入れて沸かします。モヤシを入れてふたをし、強火のまま蒸し煮にします。2分ほどで火を止め、常温まで冷まします。

❺モヤシをボウルに取り分け、さらに味付けをします。「中華あえ」は、調味料Bを加えて混ぜ、「からしあえ」は、Bに練りからしを加えて混ぜます。

★袋に残った汁（鶏スープ）の簡単アレンジはP153を参照してください。

ポイント

◎鶏胸肉は保存袋でうま味逃がさず真空調理
◎鍋で水から徐々に加熱。しっとりチキン食感に
◎モヤシは調味料で煮て味付け。傷みにくく

作り方の動画は北海道新聞デジタルで

青ちゃん流　節約料理

材料

【サラダチキン／2人分】
鶏胸肉……1枚（300g）
塩……小さじ1
酒……大さじ2

【モヤシのあえ物／4人分】
モヤシ……2袋
A「酒、みりん、しょうゆ……各大さじ4
B「酢……大さじ1
ごま油……小さじ1
白ごま、輪切り唐辛子……各適量
練りからし……お好みで

タラの柚庵《ゆうあん》焼き〈魚や肉をふっくら焼く〉

フッ素加工のフライパンで「コールドスタート」

従来の鉄のフライパンから、フッ素加工のフライパンへと調理道具が進化したことにより、肉や魚を低温からじっくり熱を入れ、身がかたくならずに焼ける新しい調理法が可能になりました。フッ素加工のフライパンを使うと、魚や肉をふっくらと焼き上げることができます。

焼くときのポイントは、フライパンに食材を入れてから火にかける「コールドスタート」。肉や魚などに多く含まれるタンパク質は75度以上で固まる性質があります。そのため、急激に熱を加えると、ギュッと身が急速に収縮してしまうので、身がかたくなってしまいます。

鉄のフライパンは、熱して、油をひいてなじませてから焼かなければ、材料が焦げつく特性があるので、このような調理法はできませんでした。

コールドスタートは、①料理が焦げる心配がない ②中までじっくり火を通せる ③あわてないで調理ができる——といったメリットがあります。野菜炒めや焼きそばに入れるような切り落とし肉、しょうが焼き用の肉を調理するときもおすすめです。

タラの柚庵焼き

材料（2人分）

タラの切り身……………2切れ
A ┌しょうゆ・みりん
　└……………各大さじ2
ユズ……………1／4個
スダチ……………1／2個
（ユズ・スダチはレモン汁大さじ1で代用可）
油……………小さじ1
みりん（仕上げ用）……………適量

作り方

❶タラの切り身は、包丁で軽くなでてうろこを取り除きます。両面に塩（分量外）を振って5〜10分おき、キッチンペーパーで水気を拭き取ります。
❷保存袋にAとユズ、スダチを入れて漬け地を作り、そこに①を入れ、30分つけます。取り出してキッチンペーパーで軽く拭きます。
❸加熱していないフライパンに、きれいな焼き目をつけるための油を薄くひき、タラの皮を下にして、弱火でじっくり焼きます。
❹タラの身の下から3分の1くらいが白くなってきたら丁寧に裏返し、もう片面も1、2分焼きます。真ん中を押したときにプリンとした弾力があれば、火が通った合図です。
❺仕上げに照りを出すため、両面にはけでみりんを塗り、火を止めます。

ポイント

◎フッ素加工のフライパンを使う
◎加熱していないところに食材をいれる
◎弱火でじっくり中心まで加熱する

作り方の動画は北海道新聞デジタルで

青ちゃん流　フライパン

味付き卵〈卵を好みのかたさにゆでる〉

お湯からゆでて加熱時間を計りやすく

卵には卵白と卵黄があり、それぞれ凝固する温度が異なります。卵白は75度になった時点ですぐに固まり、卵黄は65度になった時点からゆっくりと固まり始めます。逆に言うと、65度以下では卵黄は変化しません。その性質を生かし、好みのかたさのゆで卵を作る方法です。

卵のかたさを決めるのに重要なのが、ゆで時間です。そのため、失敗せずに狙ったかたさのゆで卵に仕上げるポイントは「沸騰したお湯からゆでること」です。水からゆでる方法もありますが、鍋の大きさや火力によって沸騰までの時間が変わり安定しません。お湯からであればゆで時間を計りやすく、失敗しにくいです。

ゆで時間を「10分、8分、7分、5分」に分け、4種類のかたさのゆで卵を紹介します。ゆで時間10分はサラダにピッタリの固ゆで卵に。8分は少しだけ真ん中の黄身が固まっていない状態の半熟卵、7分は黄身が少しだけ固まりだした半熟卵、5分は黄身がトロトロな状態のゆで卵になります。

10～5分の間で自分好みのかたさのゆで時間を探して作りましょう。

凝固温度の性質を応用し、65度以下に冷めた煮汁につければ、好きなかたさの味付き卵が作れます。

味付き卵（手前）

作り方

❶沸騰したお湯に塩を入れ、常温に戻した卵を入れます。火加減は強めの中火でフツフツと沸騰させた状態を維持します。

❷自分の好みのかたさになる時間（右ページ参照）までゆでたら、すぐに流水などで5分以上しっかり冷やします。

❸酒、みりん、しょうゆを鍋に入れて沸かし、タレを作ります。

❹③のタレが人肌くらいまで冷めたら②の卵の殻をむいて保存袋に一緒に入れ、30分つけたら完成です。

ポイント

◎卵は常温で
◎沸騰したタイミングで鍋に入れる
◎冷水で芯まで冷やす

作り方の動画は北海道新聞デジタルで

青ちゃん流　卵　かたさ

材料（5個分）

卵……5個
塩……適量
【タレ】
酒、みりん……各大さじ2
しょうゆ……大さじ4

基本の一番だしを取る

しっかり引いただしは香りも味も格別。特に一番だしは昆布と削り節の一番良いところを引き出すように、温度やタイミングを意識しましょう。

材料（出来上がり／約2ℓ）

水……2ℓ
昆布……20㎝（約6g）
削り節…40g

作り方

❶鍋に水と昆布を入れて弱火にかけます。
❷鍋の内側に気泡がつき、昆布が浮いてきたら取り出して強火にします。
❸沸騰したら、削り節を入れてすぐ火を止めます。
❹アクをすくい、ざるにキッチンペーパーを敷いて③をこします。
このとき、削り節はしぼりません。

❶

❷

❸

❹

簡単、便利な鶏スープを作る

146ページ掲載「鶏胸肉で節約料理」のサラダチキンでスープを取りましょう。
簡単でいろいろな料理のベースになる、アレンジしやすいスープがあっという間に作れます。

材料（出来上がり／約1ℓ）

鶏胸肉……1枚（300g）
塩……小さじ1
酒……大さじ2
水……1ℓ

作り方

❶フリーザーバッグ（耐熱100度程度）に鶏胸肉と塩、酒を入れ、もみ込みます。
❷大きめの鍋に水（分量外）を入れて、①の口を開けたまま空気を抜きながら沈め、口を閉じて火をつけます。沸騰したら火を止め、常温になるまでおきます。
❸肉を取り出し、残った汁を1ℓの水に入れて沸かし、鶏スープの出来上がりです。

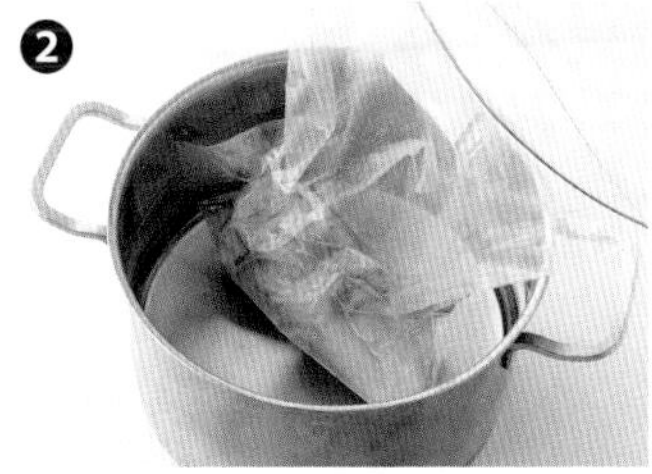

※サラダチキンは、お好みのタレなどでいただきます。

鶏スープを使った卵わかめスープ

材料（2人分）

鶏スープ……400cc
卵……1個
乾燥わかめ……1g
塩……小さじ1／2

作り方

❶鶏スープと塩を鍋に入れて火にかけます。
❷沸騰したらといた卵を細い糸のように流し入れ、再度沸騰させます。
❸乾燥わかめを入れます。

黄金比〜比率で考えてみよう

調味料も食材も大体の比率で覚えると、料理の出来上がりがイメージしやすくなります。

いくつかの調味料を適切な分量で合わせると、味がぴたりと決まります。また、小麦粉を使ったルーなどは、水分と油と小麦粉の比率で大体のかたさ（濃度）が決まります。

例えば、グラタンは牛乳（水分）10に対してバター（油）と小麦粉の比率がそれぞれ1です。この比率をもとに牛乳の比率を15にするとクリームシチューになり、同じく比率を5にするとクリームコロッケになります。このように水分量を変えるだけでいろいろな料理になるのです。卵を固められる液体は卵の3倍まで。L玉の重量が約60gとすると液体は180ccになります。これが限界なので、だし巻き卵やオムレツはL玉1個に対して1／3の液体20ccを目安と考えると失敗しません。

和食の味付けでよく登場するのは、「酒、みりん、しょうゆ」が全て1の比率です。これを基本にだしや水で割ると、めんつゆや煮物や鍋料理のつゆはもちろん、炒めものなどにも使えます。自分好みに甘みや塩味を調整して自分の比率を考えてみるのも楽しいですよ。

この本で紹介しているレシピから、比率に置き換えられるものを一覧にまとめました。

黄金比の見方

○調味料を正しく量りましょう。
○卵はL玉、重量約60gが目安です。
○指定のない限り、調味料については、目次ページの「本書を使う前に」を参照してください。
○砂糖は重量ではなく容量（cc）で計算しています。
○塩は水分や素材に対しての割合（%）で計算しています。

和　食

調味料・食材
具体値
比　率

サケの南蛮漬け　P20

水	みりん	しょうゆ	酢
180cc	大さじ3	大さじ3	大さじ3
4	1	1	1

唐揚げ　P12

鶏肉	酒	しょうゆ	ごま油	塩
300g	大さじ2	大さじ1	大さじ1	小さじ1
	2	1	1	0.3

トキシラズの焼き漬け　P24

水	酒	みりん	しょうゆ
180cc	大さじ4	大さじ4	大さじ4
3	1	1	1

豚の角煮　P14

水	酒	みりん	砂糖	しょうゆ
600cc	100cc	100cc	100cc (60g)	100cc
6	1	1	1	1

だし巻き卵　P26

卵	合わせだし
4個	80cc
1個	20cc

サバのみそ煮　P16

水	酒	みりん	砂糖	しょうゆ	みそ
360cc	大さじ3	大さじ3	大さじ3	大さじ1.5	大さじ3
8	1	1	1	0.5	1

だし巻き卵（合わせだし）　P26

だし	みりん	しょうゆ	砂糖	塩
大さじ4	大さじ1	小さじ1	大さじ1	小さじ1/2
4	1	0.3	1	0.15

カレイの煮付け　P18

水	酒	みりん	砂糖	しょうゆ
360cc	大さじ3	大さじ3	大さじ3	大さじ3
8	1	1	1	1

夏野菜の揚げ焼き浸し　P28

水(だし)	酒	みりん	しょうゆ
400cc	100cc	100cc	100cc
4	1	1	1

親子丼（合わせだし） P38

一番だし	酒	みりん	しょうゆ
240cc	60cc	60cc	60cc
4	1	1	1

親子丼（卵とじ） P38

卵	合わせだし
4	240cc
1	1

炊き込みごはん P40

米	水	酒	みりん	しょうゆ
2合	250cc	50cc	50cc	50cc
	5	1	1	1

香りザンギむすび P 42

鶏モモ肉	酒	しょうゆ	みりん	ごま油
300g	大さじ2	大さじ2	大さじ1	大さじ1
	2	2	1	1

いなりずし（皮 10 個分） P46

みりん	砂糖	しょうゆ	酢
100cc	100cc	100cc	5cc
1	1	1	0.05

うま煮 P30

だし	酒	みりん	砂糖	しょうゆ
300cc	60cc	60cc	60cc	60cc
5	1	1	1	1

ジャンボ茶碗蒸し（卵液） P32

卵	合わせだし
4個	720cc
1	3

ジャンボ茶碗蒸し（合わせだし） P32

だし	みりん	薄口しょうゆ
600cc	60cc	60cc
10	1	1

ジャガイモの煮っ転がし P34

水	酒	みりん	砂糖	しょうゆ
360cc	大さじ3	大さじ3	大さじ3	大さじ3
8	1	1	1	1

黒豆艶煮 P 36

豆	砂糖（三温糖）	しょうゆ
100g	100g	大さじ1
1	1	0.15

ローストビーフ（ドレッシング） P68

酢	油	しょうゆ
大さじ2	大さじ2	大さじ2
1	1	1

いなりずし（すし酢） P46

米	酢	砂糖	塩
1合	30cc	15cc	3g
	2	1	0.2

ビーフシチュー P70

バター	小麦粉	赤ワイン	トマトジュース	煮汁
25g	25g	100cc	100cc	300cc
1	1	4	4	12

冷たい麺のおいしい食べ方 P52

水	酒	みりん	しょうゆ
400cc	100cc	100cc	100cc
4	1	1	1

エゾシカのステーキ（ソース） P72

しょうゆ	ガーリックオイル
35cc	35cc
1	1

洋　食

調味料・食材

具体値

比　率

クリームシチュー P74

牛乳	バター	小麦粉	塩
600cc	40g	40g	小さじ1.5
15	1	1	

フライドつくねチキン（ミックス粉） P56

片栗粉	小麦粉	塩
大さじ8	大さじ4	大さじ1
8	4	1

ロールキャベツ P80

鶏ひき肉	卵	塩
500g	1個	小さじ1
10	1	1%

ショウガ焼き P60

豚肉	酒	みりん	しょうゆ	おろしショウガ
200g	大さじ1	大さじ1	大さじ1	大さじ1
	1	1	1	1

オムライス（オムレツ） P94

卵	生クリーム
2個	大さじ2
4	1

粉から作るカレーライス P96

水	油	小麦粉	カレー粉
600cc	60cc	60g	大さじ2
10	1	1	0.5

スープカレー P98

鶏団子スープ	トマトジュース	油	カレー粉	しょうゆ
600〜700cc	300cc	大さじ2	大さじ2	大さじ2
20	10	1	1	1

パエリア P100

米	水
1合	250cc
1	1.4

スパゲティナポリタン P102

ケチャップ	トマトジュース	スパゲティ乾麺200gに対して
大さじ2	大さじ2	
1	1	

ポテト包みクリームコロッケ P82

牛乳 ＋ トマトジュース	バター	小麦粉
50cc ＋ 50cc（合計100cc）	20g	20g
5	1	1

グラタン P86

牛乳	バター	小麦粉	塩
400cc	40g	40g	4g
10	1	1	0.1

ポテトサラダ P88

マヨネーズ	酢	塩
大さじ2（30cc）	小さじ2（10cc）	小さじ1/2
3	1	0.25

コールスローサラダ P90

マヨネーズ	牛乳
大さじ5	大さじ2
5	2

魚介のマリネ P92

酢	油	塩
大さじ2	大さじ2	小さじ2/3
1	1	0.1

マーボー豆腐 P114

水	酒	みりん	しょうゆ
240cc	60cc	60cc	60cc
4	1	1	1

タラコスパゲティ P104

タラコ	バター	しょうゆ	スパゲティ乾麺200gに対して
1/2腹	30g	小さじ1	
1	1	0.15	

焼きギョーザ（あん） P116

豚ひき肉	野菜
100g	100g
1	1

エゾシカのミートソーススパゲティ P106

ひき肉	赤ワイン	カットトマト缶	スパゲティ乾麺400gに対して
400g	200cc	400g	
2	1	2	

焼きギョーザ（味付け） P116

酒	しょうゆ	オイスターソース
小さじ1	小さじ1	小さじ1
1	1	1

カルボナーラ（ソース） P108

卵黄	牛乳	粉チーズ
2個	大さじ2	大さじ1
2	2	1

シューマイ P118

エビ	ひき肉	長ネギ	塩
100g	100g	50g	小さじ1/2
2	2	1	エビ+ひき肉の1%

中華など

調味料・食材
具体値
比　率

レバニラ炒め P120

酒	みりん	オイスターソース	しょうゆ
大さじ2	大さじ1	大さじ1	大さじ1
2	1	1	1

酢豚 P112

酒	みりん	酢	しょうゆ	ケチャップ
大さじ2	大さじ2	大さじ2	大さじ2	大さじ2
1	1	1	1	1

チャーハン P130

ごはん	卵	油	塩水
1膳/150g	1個	大さじ1	大さじ1
10	4	1	1

エビチリ P122

ケチャップ	みりん	酒	薄口しょうゆ	水
大さじ3	大さじ1	大さじ2	大さじ1	大さじ6
3	1	2	1	6

ビビンバ（味付きひき肉） P132

ひき肉	酒	みりん	しょうゆ	コチュジャン
200g	大さじ2	大さじ2	大さじ2	大さじ2
	1	1	1	1

秋野菜炒め P124

鶏のだし汁	しょうゆ
75cc	25cc
3	1

ビビンバ（ナムル） P132

ごま油	酒	塩	しょうゆ
大さじ2	大さじ2	小さじ1	小さじ1
6	6	1	1

春雨サラダ P126

酒	みりん	酢	しょうゆ	水
大さじ2	大さじ2	大さじ2	大さじ2	大さじ4
1	1	1	1	2

乾燥春雨50gに対して

ソース焼きそば P134

中濃ソース	しょうゆ
大さじ4	大さじ2
2	1

チリコンカン P128

水	トマトピューレ	塩
200cc	200cc	小さじ1
1	1	液体の1%

あんかけ焼きそば P136

水	酒	塩
270cc	30cc	小さじ1
9	1	1.5%

チャーハン（塩水） P130

水	塩
大さじ1	小さじ1/2
6	1

その他

調味料・食材
具体値
比　率

冷しゃぶラーメンサラダ

P138

練りごま	砂糖	酒	しょうゆ	すりごま	マヨネーズ
大さじ2	大さじ2	大さじ2	大さじ2	大さじ2	大さじ4
1	1	1	1	1	2

タラの柚庵焼き

P148

みりん	しょうゆ	ユズ・スダチ果汁
大さじ2	大さじ2	大さじ1
2	2	1

ジンギスカンのタレ

P140

しょうゆ	酒	みりん	酢
240cc	60cc	60cc	60cc
4	1	1	1

味付き卵のタレ

P150

酒	みりん	しょうゆ
大さじ2	大さじ2	大さじ4
1	1	2

あとがき

高校生のときの初めてのアルバイトが喫茶店での皿洗いでした。メニューの豊富なお店で和洋中といろいろな料理がありました。見よう見まねで言われたままにお手伝いをするうちになんとなく作れるようにはなりましたが、料理の本質は理解していませんでした。

高校を卒業して勤めた数々のお店でベテランのコックさんや板前さんとお仕事をさせて頂くうちに、丁寧な下処理で驚くほどおいしくなったり、出来たてより少し時間をおいた方がおいしくなる料理があることを知りました。味にばらつきが出ないよう和食では「割」と呼ばれるおいしい比率がお店ごとにあることなどたくさんの学びがありました。

一方、多くの失敗もしました。その度に、なぜ失敗するのかを考えました。調理の工程を分解したり、調味料のもたらす効果を考えるうちに、食材や調味料をどんどん組み合わせていく〝足し算の料理〟や、最低限の味付けで素材の味が引き立つ〝引き算の料理〟があること、そして料理にもいろいろな表現があることを知りました。

いつも何気なく作っている料理かもしれませんが、「なぜ、その工程が必要なのか」を考えて調理すると新しい発見があるかもしれませんよ。

青山則靖

青山則靖（あおやま　のりやす）

1973年帯広市生まれ、札幌市在住。料理研究家。

飲食店などのメニュー開発に携わる一方、テレビ番組やイベントなどで料理のお悩みに応える料理法を伝授して人気を博している。

2006年「キッチンサポート青」を開業。メニュー開発やレシピ制作、料理教室の開催など幅広く飲食に携わる事業を展開。

著書に「青ちゃんの解決レシピ　今さら聞けない料理の基本」（エイチエス）。

＊本書は、2014年4月から2021年9月まで北海道新聞に連載された「青ちゃんのごちそう12カ月」「青ちゃん流　これが定番！」「青ちゃん流　料理新常識」を加筆・修正し、再構成したものです。

料理撮影	北海道新聞編集局写真映像部
カバー等撮影	阿部雅人（studioTHIRD）
スタイリング	青山則靖
カバー等スタイリング	菅原美枝（studioTHIRD）
調理補助	須田徹也、小野康代、大畑理絵、橋本みづほ、山西言枝
ブックデザイン	早川史織
原稿校正	祐川可奈

青ちゃん流　失敗知らずの定番料理
2023年8月26日　初版第１刷発行

著　者	青山則靖
発行者	近藤　浩
発行所	北海道新聞社
	〒060-8711　札幌市中央区大通西３丁目６
	出版センター（編集）TEL 011-210-5742
	（営業）TEL 011-210-5744
DTP・印刷・製本	株式会社アイワード

落丁・乱丁本は出版センター（営業）にご連絡下さい。お取り換えいたします。

ISBN978-4-86721-105-2